August Berthelt

Neue Lebensbilder

Lese- und Schreibfibel für Elementarklassen

August Berthelt

Neue Lebensbilder
Lese- und Schreibfibel für Elementarklassen

ISBN/EAN: 9783743498686

Hergestellt in Europa, USA, Kanada, Australien, Japan

Cover: Foto ©Paul-Georg Meister /pixelio.de

August Berthelt

Neue Lebensbilder

Neue Lebensbilder I.

Lese- und Schreib-Fibel

für

Elementarklassen.

Nach der analytisch-synthetischen Lesemethode.

Von

Berthelt, Jäkel, Petermann, Thomas.

Vierundzwanzigste Auflage.

Ladenpreis gebunden 5 Neu-Sgr.
Partiepreis 25 Exempl. roh 2¹¹/₁₂ Thlr., geb. 3¹/₃ Thlr.

Leipzig,
Verlag von Julius Klinkhardt.
1860.

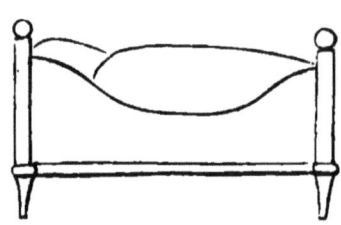

Bett.

Bett.

e ett et t Be B

Mond.

Mond.

o on n ond nd d Mo Mon M

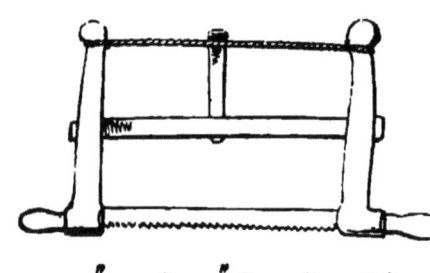

Säge.

Säge.

ä e äg g ge Sä Säg S

| B M S | a e i o u ä | t b n |

Vögel.

Vögel.

ö e ög ge gel el l Vö V

Düte.

Düten.

ü e üt t te Dü Düt D

Baum.

Baum.

au aum m Bau B

V		g
D	ö ü au i ä a e u o	t
B		m

1*

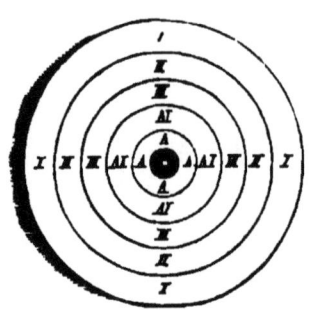

Scheibe.

Scheibe.

ei e eib b be Schei Scheib Sch

Keule.

Keule.

eu e eul l le Keu Keul K

Igel.

Igel.

J e ge gel el l

Sch K B	ei eu au a ä o ö u it	b l g

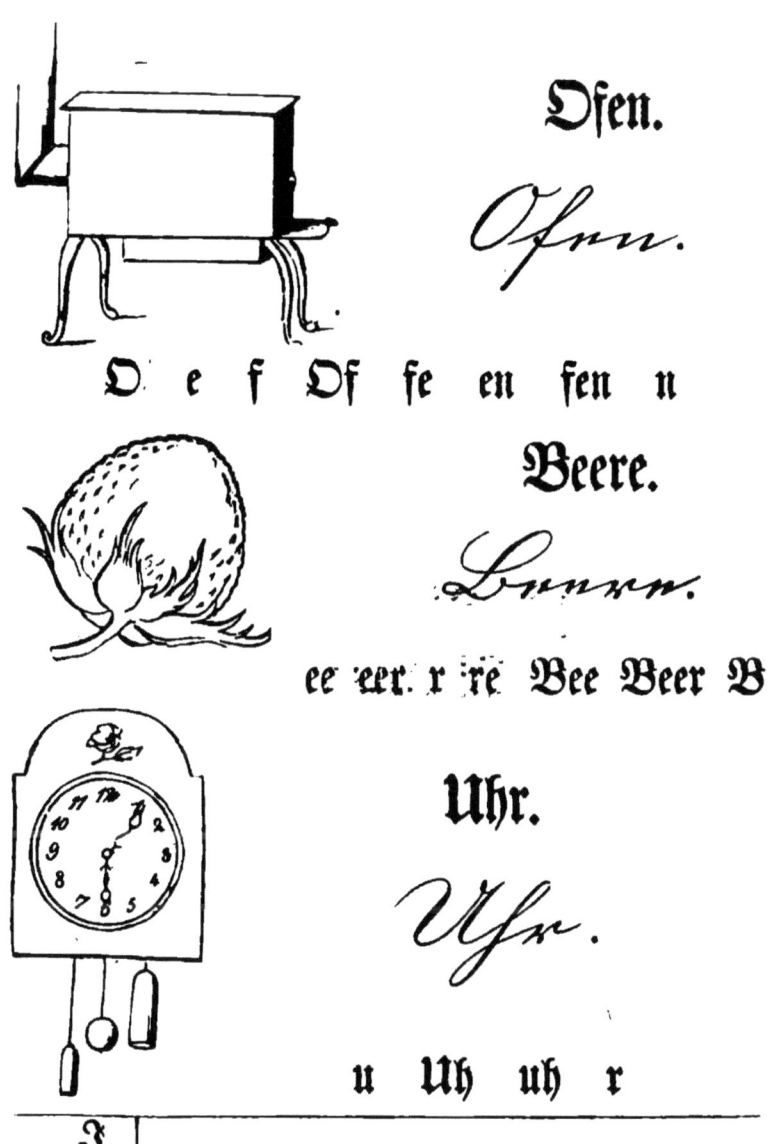

Ofen.

Ofen.

O e f Of fe en fen n

Beere.

Beeren.

ee eer r re Bee Beer B

Uhr.

Uhr.

u Uh uh r

| J O u | n | m | b | t | l | b | sch | g | ch |

Kahn.

Kahn.

a ah ahn Ka̅ Kah K

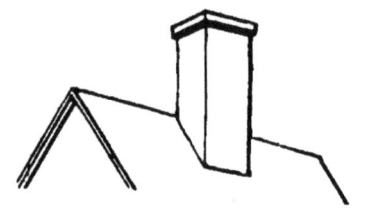

Esse.

Esse.

E e Es Esse e

Hütte.

Hütte.

ü e ütt t te Hü Hütt H

| K H B | ah | äh | eh | oh | öh | uh | üh | n r l |

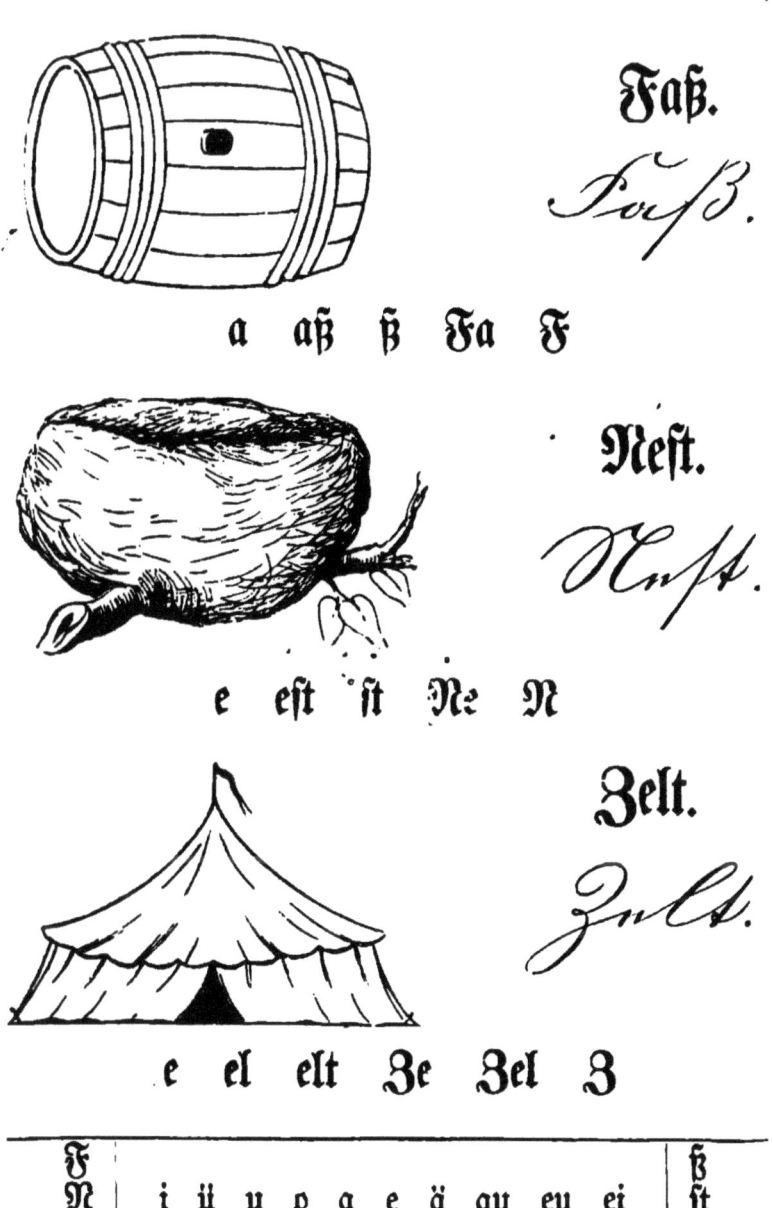

Faß.

a aß ß Fa F

Nest.

e est st Ne N

Zelt.

e el elt Ze Zel Z

F N Z	i ü u o a e ä au eu ei	ß st lt

Walze.

Walze.

a e al alz z ze Wa Walz W

Nelke.

Nelke.

e e el elk k ke Ne Nel Nelk N

Korb.

Korb.

o or orb rb b Ko Kor K

W		lz
N	u e a i ö ä o ü	lk
K		rb

Lampe.

Lampe.

a e am amp p pe La Lam L

Mütze.

Mütze.

ü e ütz tz tze Mü Mütz M

Stock.

Stock.

o ock ck Sto St

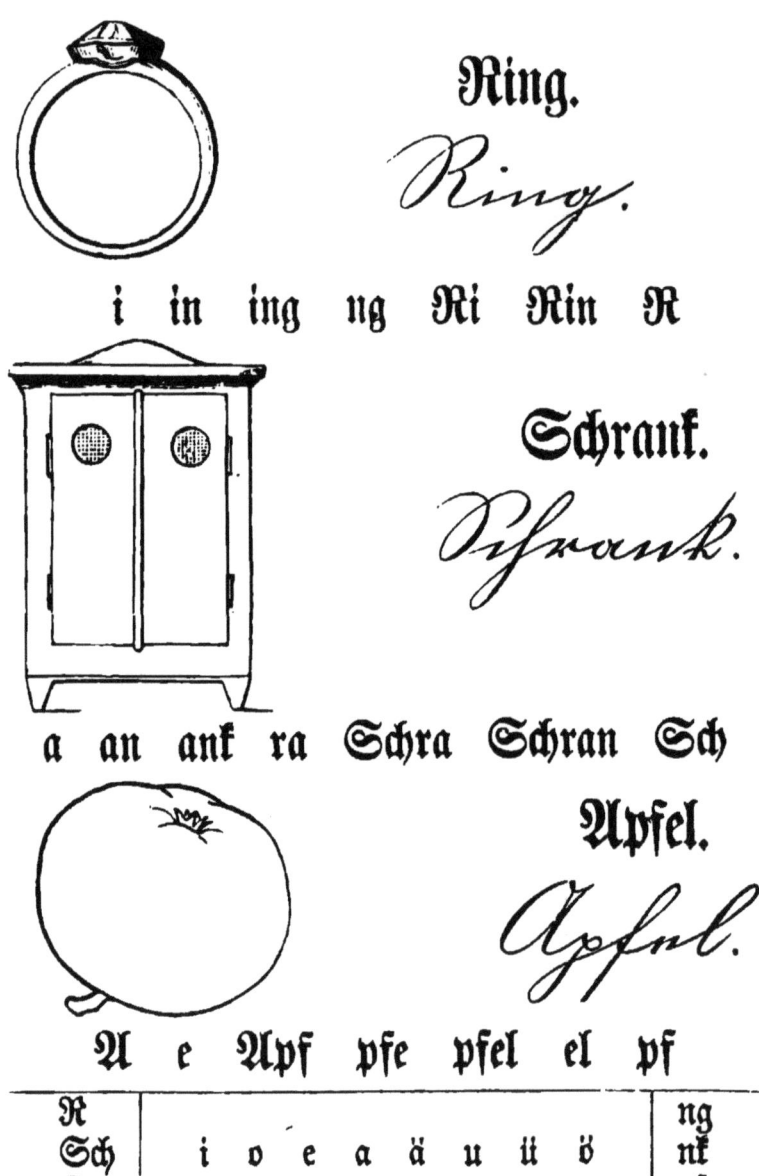

Ring.

i in ing ng Ri Rin R

Schrank.

a an ank ra Schra Schran Sch

Apfel.

A e Apf pfe pfel el pf

R Sch Z	i o e a ä u ü ö	ng nk pf

Pfeil.

ei eil fei feil Pfei Pf P

Glas.

a as s la las Gla Gl G

Drache.

a e ach rach Drach Dra Dr D

Pf		l
Gl	a ä e i o ö u ü	s
Dr	au eu ei	ch

Treppe.

e e epp repp Trepp Tr T

Spiegel.

ie e ieg Spie Spieg Sp

Zwiebel.

ie e ieb wie Zwie Zw Z

Tr Sp Zw	ie ah uh öh äh oh ih eh üh	I n t

Maikäfer.

ai ä e Mai äf käf er fer M

Mäuschen.

äu e äus Mäu en che chen

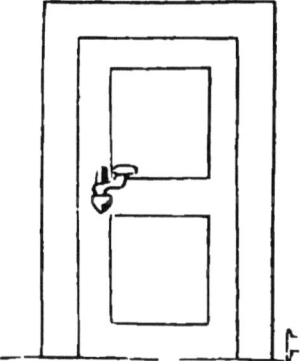

Thüre.

ü ꝛ ür Thü Thür Th

M Th W	ei au äu ai eu

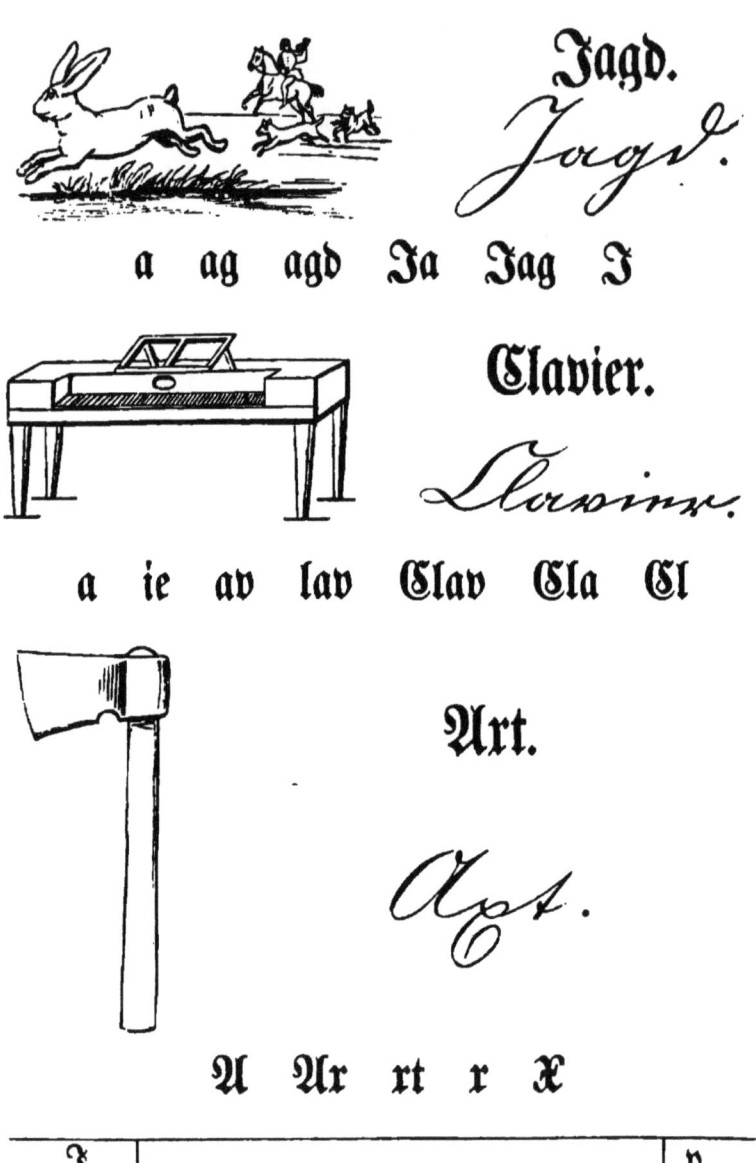

Jagd.

a ag agd Ja Jag J

Clavier.

a ie av lav Clav Cla Cl

Art.

A Ar rt r X

J Cl Qu	a e i o u ä ö ü	v x rl

Quirl.

Quirl.

i ir irl Qui Quir Qu

Apfel, Art, Buch, Bett, Beere, Baum, Clavier, Düte, Drache, Esse, Fisch, Faß, Glas, Hütte, Hundehütte, Igel, Jagd, Korb, Kahn, Keule, Lampe, Mond, Mütze, Mäuschen, Maikäfer, Nest, Nelke, Ofen, Pfeil, Quirl, Rad, Ring, Säge, Spiegel, Scheibe, Schrank, Stock, Treppe, Thüre, Uhr, Vögel, Walze, X, r, Y, y, Zelt, Zwiebel.

U	A	N	N	a	a	q	q
B	B	O	O	b	b	s	s
C	C	P	P	c	c	t	t
D	D	Q	Q	d	d	u	u
E	E	R	R	e	e	v	v
F	F	S	S	f	f	w	w
G	G	T	T	g	g	x	x
H	H	U	U	h	h	y	y
I	I	V	V	i	i	z	z
J	J	W	W	j	j	ä	ä
K	K	X	X	k	k	ö	ö
L	L	Y	Y	l	l	ü	ü
M	M	Z	Z	m	m	s	s
				n	n	ß	ß
				o	o	ß	ß
				p	p		

Zweiter Gang.

Die Wortgewinnung und Anwendung der Wörter in kleinen Sätzen.

Wisch, Tisch, Rausch,

1. Fisch, Wisch, Tisch, Ti sche, Ta sche, Tu sche, Bu sche, Ma sche, tau sche, Tausch, Rausch, rau schen, lau schen, ha schen, na schen, wa schen, wi schen, zi=schen, schon, schön.

Der Tisch ist hoch. — Die Ta sche ist weit. — Na sche nicht, das ist nicht schön. — Wi sche dich ab.

Rad, Made, Reben,

2. Rab, Bab, Ra be, La be, Scha be, Ma be, Ra be, Re be, re ben, Bu be, da, bar, daß, der, dem, den, ein, dein, nein, mein, fein, sein, sei ne, wei ne, rein, Wein, Bein, Schein.

Das Rad ist am Wa gen. — Die Ma de ist im Kä se. — Sein Wein ist rein.

Dach, Bachen, Kuh,

3. Buch, Bach, Dach, Fach; Buch, Tuch; Bu che, su che, Sa che, Wa che, Ra che, ma che, la che; auch, Rauch, Hauch, Bauch; ich, mich, sich, Stich, dich, doch, Loch, poch, po chen, ro chen, riechen, Re chen, ste chen.

Das Buch ist neu. — Der Bach ist tief. — Die Bu che ist ein Baum. — Der Rauch kommt aus der Es se.

Fett, Rutte, Latte,

4. Bett, Fett, Ket te, Wet te, Met te, Mat te, Rat te, Wat te, Rat te, Rot te, bit te, Bit te, Sit te, Mit te, kit te, Kut te, But te, But ter, Fut ter, Mutter.
  Das Bett ist nicht hoch. — Die Mit te der Schei be. — Die Rat te lief in das Loch. — Bit te, bit te, lie be Mut ter.

Mund, Rind, Hand,

5. Mond, Mund, Hund, Hand, Band, Sand, Wand, Wind, Rind, Kind, Kin de, Kun de, Wun de, Mun de, Mund, rund, Rand, Rin de, Bin de, Lin de, ge lind, Ge bind, Ge bund, ge sund.
  Der Mond ist weit. — An der Hand ist ein Ring. — Kind, sieh den schö nen Baum. — Ist der Ring rund?

Sage, Wiege, Lugen,

6. Sä ge, Sa ge, La ge, Wa ge, Wie ge, Zie ge, Zü ge, Lü ge, Wa gen, Ma gen, La gen, ra gen, na= gen, ja gen, la gen, le gen, re gen, ge gen, We gen, Ste gen, Se gen, sä gen, sägt, sagt, ragt, wagt, lagt.
  Mit der Sä ge sägt man. — In der Wie ge lag ein Kind. — Es ist Tag. — Die Zie ge lag am We ge.

Vogel, Nagel, Zügel,

7. Vö gel, Vo gel, Ke gel, Ku gel, Re gel, Rie= gel, Sie gel, Zie gel, Zü gel, Bü gel, Hü gel, Na gel,

Wa ge, Wa gen, Wo gen, Bo gen, bie gen, fie gen, lie gen, lü gen, lo gen, le gen, la gen, fa gen, fau gen.
Sa ge, wo find die Vö gel hin? — Der Na gel ift ſchön. — Die Ku gel ift rund. — Bie ge den Bo gen nicht zu ſehr.

Rote, Laute, Zeit,

8. Dü te, bie te, lei te, Ro te, Lau te, Scho te, beu te, heu te, Leu te, En te, gut, Hut, Hü te, Zei ten.
Die Dü te ift leer. — Die Scho te kann man eſ ſen. — Heu te ſah ich ei ne En te. — Ich bin dir gut und ha be dich lieb.

Pflaum, Läumr, laut,

9. Baum, Saum, Schaum, Raum, Bäu me, Räu me, rei me, Reim, Maul, faul, Paul, Bau, ſchau, baut, ſchaut, Haut, laut, läu ten, häu ten, heu le, lau ten.
Der Baum ift hoch. — Der Vo gel baut ſein Neſt auf die Bäu me. — Baut der Hund auch ein Neſt? — Der Saum ift am Tu che. — Paul ift ein klei ner Kna be. — Er geht gern in die Schu le. — Auf dem Bie re ift manch= mal Schaum. — Ru fe laut, ich hö re nicht gut.

Leibn, Dinb, Gabn,

Laid, weit, Rein,

10. Stau be, Lei be, Lau be, Hau be, Stau be, rau be, Re be, Rü be, Ra be, rei be, Weib, Leib, lieb,

2*

gieb, Hieb, Dieb, rieb, Bu be, Stu be, ha be, Ga be,
Sta be, la be, lo be.

Die Schei be ist rund. — In dem Lei be ist der Ma gen.
— Die Tau be ist ein Vo gel. — Der Ra be ist a ber auch
ein Vo gel, und auch die En te. — Ist das wahr? — In
der Stu be ist es warm. — Der Dieb ist ein bö ser Bu be.

Eule, Säule, Heule,

11. Keu le, Beu le, Bei le, Fei le, fau le, Fäu le,
Sei le, ei le, Eu le, heu le, hei le, Mei le, Maul, Gaul,
Paul, Saul.

Der Rie se hat eine Keu le. — Das Seil ist an der
Säu le. — Er fei let mit der Fei le am Bei le.

Insel, Immer, ihm,

12. I gel, Tie gel, In sel, I da, ih nen, ihr,
ih rem, ihm, im mer, Imme.

Hast du schon ei nen I gel ge se hen? — Es ist ein Thier.
— I da ist ein Kind. — Die In sel liegt im Was ser.

Hof, Ufer, Reif,

13. O fen, Hof, Ho fe, Hö fe, Ha fen, Hau fen,
Tau fe, lau fe, kau fe, Käu fer, Täu fer, Läu fer,
Säu fer, U fer, Sei fe, Wei fe, Rei fe, für, feil, fein.

Der O fen ist von Ei sen. — Ich bin im Ho fe. — Im
Bie re ist He fe. — Wa sche dich mit Sei fe. — Um das
Rad ist ein Reif. — Am O fen ist es nun schön.

Mann, Paar, Aas

Diele, liegen, reibst,

14. Bee re, Meer, Moor, Moos, Loos, Boot, Beet, leer, Heer, Haar, Paar, baar, Aar, Aas, Staar, Waa re, Saat, Saal, See le, See; hier, Zier, Bier, Kies, Kien, Kiel, Die le, lie gen, reibst.
Die Bee re ist am Bau me und am Bu sche. — Das Meer und die See sind tief. — Das Moos ist weich. — Das Haar ist fein. — Ein Paar Schu he.

Schuh, Ruhr, Ohr,

15. Uhr, Ruhr, Ruh, Schuh, Schu he, Ru he, Re he, ste he, we he, Nä he, Mü he, Kü he, Kuh, Wehr, mehr, Mohr, Rohr, Ohr; Zahl, Wahl, Mehl, Müh le, Küh le, Koh le, Soh le, hohl, Höh le.
Die Uhr giebt die Zeit an. — Laß mich in Ru he. — Vier, sie ben und zehn sind Zah len. — Das Mehl ist weiß und fein. — Wie sieht die Koh le, der Mohr und auch der Moor?

Hahn, Fahne, gehn,

zahm, mehr, ihr,

16. Kahn, Zahn, Hahn, Huhn, Hohn, Sohn,

Fraktur	Kurrent	Fraktur	Kurrent	Fraktur	Kurrent	Fraktur	Kurrent
A	A	N	N	a	a	q	q
B	B	O	O	b	b	r	r
C	C	P	P	c	c	s	s
D	D	Q	Q	d	d	t	t
E	E	R	R	e	e	u	u
F	F	S	S	f	f	v	v
G	G	T	T	g	g	w	w
H	H	U	U	h	h	x	x
I	I	V	V	i	i	y	y
J	J	W	W	j	j	z	z
K	K	X	X	k	k	ä	ä
L	L	Y	Y	l	l	ö	ö
M	M	Z	Z	m	m	ü	ü
				n	n	s	s
				o	o	ß	ß
				p	p	tz	tz

Zweiter Gang.
Die Wortgewinnung und Anwendung der Wörter in kleinen Sätzen.

Wisch, Tisch, Rausch,

1. Fisch, Wisch, Tisch, Ti sche, Ta sche, Tu sche, Bu sche, Ma sche, tau sche, Tausch, Rausch, rau schen, lau schen, ha schen, na schen, wa schen, wi schen, zi=schen, schon, schön.

Der Tisch ist hoch. — Die Ta sche ist weit. — Na sche nicht, das ist nicht schön. — Wi sche dich ab.

Rad, Made, Reben,

2. Rad, Bad, Ra de, La de, Scha de, Ma de, Ra de, Re de, re den, Bu be, ba, bar, daß, der, dem, den, ein, dein, nein, mein, fein, sein, sei ne, wei ne, rein, Wein, Bein, Schein.

Das Rad ist am Wa gen. — Die Ma de ist im Kä se. — Sein Wein ist rein.

Buch, Bache, Kirche,

3. Buch, Bach, Dach, Fach; Buch, Tuch; Bu che, su che, Sa che, Wa che, Ra che, ma che, la che; auch, Rauch, Hauch, Bauch; ich, mich, sich, Stich, dich, doch, Loch, poch, po chen, ro chen, riechen, Re chen, ste chen.

Das Buch ist neu. — Der Bach ist tief. — Die Bu che ist ein Baum. — Der Rauch kommt aus der Es se.

Neue Lebensbilder. I.

Fett, Bette, Latte,

4. Bett, Fett, Ket te, Wet te, Met te, Mat te, Lat te, Wat te, Rat te, Rot te, bit te, Bit te, Sit te, Mit te, lit te, Kut te, But te, But ter, Fut ter, Mutter.
Das Bett ist nicht hoch. — Die Mit te der Schei be. — Die Rat te lief in das Loch. — Bit te, bit te, lie be Mut ter.

Mund, Rind, Hand,

5. Mond, Mund, Hund, Hand, Band, Sand, Wand, Wind, Rind, Kind, Kin de, Kun de, Wun de, Mun de, Munb, rund, Rand, Rin de, Bin de, Lin de, ge lind, Ge bind, Ge bund, ge sund.
Der Mond ist weit. — An der Hand ist ein Ring. — Kind, sieh den schö nen Baum. — Ist der Ring rund?

Sage, Wiege, Augen,

6. Sä ge, Sa ge, La ge, Wa ge, Wie ge, Zie ge, Zü ge, Lü ge, Wa gen, Ma gen, Ta gen, ra gen, na= gen, ja gen, la gen, le gen, re gen, ge gen, We gen, Ste gen, Se gen, sä gen, sägt, sagt, ragt, wagt, lagt.
Mit der Sä ge sägt man. — In der Wie ge lag ein Kind. — Es ist Tag. — Die Zie ge lag am We ge.

Vogel, Nagel, Hügel,

7. Vö gel, Vo gel, Ke gel, Ku gel, Re gel, Rie= gel, Sie gel, Zie gel, Zü gel, Bü gel, Hü gel, Na gel,

Wa ge, Wa gen, Wo gen, Bo gen, bie gen, fie gen, lie gen, lü gen, lo gen, le gen, la gen, fa gen, fau gen.
Sa ge, wo find die Bö gel hin? — Der Na gel ift fchön. — Die Ku gel ift rund. — Bie ge den Bo gen nicht zu fehr.

Note, Laute, Zeit,

8. Dü te, bie te, lei te, No te, Lau te, Scho te, beu te, heu te, Leu te, En te, gut, Hut, Hü te, Zei ten.
Die Dü te ift leer. — Die Scho te kann man ef fen. — Heu te fah ich ei ne En te. — Ich bin dir gut und ha be dich lieb.

Pflaum, Bäume, laut.

9. Baum, Saum, Schaum, Raum, Bäu me, Räu me, rei me, Reim, Maul, faul, Paul, Bau, fchau, baut, fchaut, Haut, laut, läu ten, häu ten, heu le, lau ten.
Der Baum ift hoch. — Der Bo gel baut fein Neft auf die Bäu me. — Baut der Hund auch ein Neft? — Der Saum ift am Tu che. — Paul ift ein klei ner Kna be. — Er geht gern in die Schu le. — Auf dem Bie re ift manch mal Schaum. — Ru fe laut, ich hö re nicht gut.

Leibn, Dieb, Gabe,

Maid, weit, Wein,

10. Stau be, Lei be, Lau be, Hau be, Stau be, rau be, Re be, Rü be, Ra be, rei be, Weib, Leib, lieb,

2*

gieb, Hieb, Dieb, rieb, Bu be, Stu be, ha be, Ga be,
Sta be, la be, lo be.

Die Scheibe ist rund. — In dem Leibe ist der Magen.
— Die Taube ist ein Vogel. — Der Rabe ist aber auch
ein Vogel, und auch die Ente. — Ist das wahr? — In
der Stube ist es warm. — Der Dieb ist ein böser Bube.

Keule, Beule, Eule,

11. Keu le, Beu le, Bei le, Fei le, fau le, Fäu le,
Sei le, ei le, Eu le, heu le, hei le, Mei le, Maul, Gaul,
Paul, Saul.

Der Rie se hat eine Keu le. — Das Seil ist an der
Säu le. — Er fei let mit der Fei le am Bei le.

Insel, Immen, ihm,

12. Igel, Tie gel, In sel, I da, ih nen, ihr,
ih rem, ihm, im mer, Imme.

Hast du schon ei nen I gel ge se hen? — Es ist ein Thier.
— I da ist ein Kind. — Die In sel liegt im Was ser.

Hof, Ufer, Reif,

13. Ofen, Hof, Ho fe, Hö fe, Ha fen, Hau fen,
Tau fe, lau fe, kau fe, Käu fer, Täu fer, Läu fer,
Säu fer, U fer, Sei fe, Wei fe, Rei fe, für, feil, fein.

Der Ofen ist von Eisen. — Ich bin im Hofe. — Im
Bie re ist He fe. — Wasche dich mit Sei fe. — Um das
Rad ist ein Reif. — Am Ofen ist es nun schön.

Mehr, Paar, Aas

Diele, liegen, reibst.

14. Bee re, Meer, Moor, Moos, Loos, Boot, Beet, leer, Heer, Haar, Paar, baar, Aar, Aas, Staar, Waa re, Saat, Saal, See le, See; hier, Zier, Bier, Kies, Kien, Kiel, Die le, lie gen, reibst.

Die Bee re ist am Bau me und am Bu sche. — Das Meer und die See sind tief. — Das Moos ist weich. — Das Haar ist fein. — Ein Paar Schu he.

Schuh, Ruhr, Ohr,

15. Uhr, Ruhr, Ruh, Schuh, Schu he, Ru he, Re he, ste he, we he, Nä he, Mü he, Kü he, Kuh, Wehr, mehr, Mohr, Rohr, Ohr; Zahl, Wahl, Mehl, Müh le, Küh le, Koh le, Soh le, hohl, Höh le.

Die Uhr giebt die Zeit an. — Laß mich in Ru he. — Vier, sie ben und zehn sind Zah len. — Das Mehl ist weiß und fein. — Wie sieht die Koh le, der Mohr und auch der Moor?

Hahn, Fahne, gehn,

zahm, mehr, ihr,

16. Kahn, Zahn, Hahn, Huhn, Hohn, Sohn,

Mohn, Lohn, Lahn, Fah ne, Sah ne, sehn, zehn, gehn, wehn, lahm, Rahm, zahm, mehr, sehr, ihr.

Der Kahn ist im Was ser. — Der Mohn ist roth. — Das Huhn und der Hahn a ßen Bee ren.

Hafen, wissen, besser.

17. Es se, es se, Mes se, Mas se, Tas se, las se, Gas se, Gos se, Kas se, nas se, Nüs se, Ras se, Rus se, Bis se, Ris se, Bis sen, wis sen, müs sen; bes ser, Mes= ser, Was ser, Af fe, Laf fe, Waf fe, Waf fel.

Aus der Es se kommt Rauch. — Siehe mei ne neu e Tas se. — Ich es se nur ei nen Bis sen. — Wir müs sen Was ser holen.

Dotter, Ball, Ammen, Butter, Affe, Rippe.

18. Hüt te, hät te, hat te, Lat te, Rat te, Rot te, Lot te, Got te, Mot te, Met te, Mit te, Kitt, rit te, Rit ter, Git ter, bit ter, But ter, Fut ter, Mut ter, mat ter, Nat ter, Va ter, Dot ter, Hüt te, Hül le, Fül le, Fal le, Fel le, Wel le, Schel le, Stel le, Stal le, Ball, bel le, Zel le, El le, Zoll, Wol le, soll, voll, toll, all, Wall, Gal le, Mann, dann, Kan ne, Wan ne, Won ne, Son ne, Ton ne, Ten ne, dünn, Sinn, Ge= winn, Zinn, Kinn, Rin ne, Hen ne, ren ne, ken ne, Lin nen, hin nen, Sup pe, Pup pe, Pap pe, Lap pe, Rap pe, Map pe, Kap pe, Kup pe, Schup pen,

Schip pe, Rip pe, Lip pe, Sum me, dumm, Damm, Stamm, Kamm, komm, Am me, Lamm, stumm, Herr.

In der Hüt te ist ein Hund. — Wo war die Rat te? — Der Mond und die Son ne sind am Him mel. — Mei ne Pup pe hat ei ne Kappe.

Faß, Fuß, naß,

19. Faß, Haß, Baß, Biß, Riß, Roß, Schuß, Guß, Kuß, Nuß, Ge nuß, naß, schoß, er goß, muß, — Fuß, Muß, Ruß, Bu ße.

Das Faß war noch von He fen naß. — Der Hund biß das Kind an den Mund. — Am Fu ße sind Ze hen. Wie viel? — Hö ret ihr den Schuß? — Wie ist der Ruß?

Ost, Rost, Äste,

20. Nest, Fest, fast, Ast, Ost, Post, Pest, Rest, Rast, Bast, bist, List, Lust, Last, Gast, Geist, Gei ste, Gä ste, Ae ste, We ste, Ki ste, Kü ste, Bü ste, Wü ste, Wust, Kost, Rost, läßt, näßt, müßt, küßt, wißt.

In ei nem Ne ste la gen vier Ei er. — Ein Vo gel leg te sie hin ein. — Im O fen ist ein Rost, und an dem Mes ser ist auch Rost. — Ich war ein Gast im Hau se.

Pult, alt, Guld,

21. Zelt, Welt, alt, kalt, Pult, bald, Wald, wild, Bild, Schild, milt, meld, Held, Feld, Geld, Gold, Sold, hold, Huld, Schuld.

Das Zelt ist von Leinwand. — Im Winter ist es kalt.
— Der alte Baum ist hohl und faul. — Das Gold ist
schö nes Geld.

Palz, Ölk, gulb,

22. Wal ze, sal ze, Salz, Falz, Malz, Milz, Filz,
Pilz, Pelz, Holz, Stolz; als, Hals, Fels, Wels,
Puls, Oels, Kalb, halb, falb, gelb, Alp, Al pen,
Zulp, Tul pe, Stol pen.
Die Wal ze ist rund, aber nicht wie der Mond, der
Ring und die Ku gel. — Das Salz kommt in die Sup pe.
— Der Fels ist ein Berg von Stein.

Volk, Dolf, Ulmm,

23. Nel ke, Wol ke, Mol ke, Volk, Schalk, Kalk,
Talk — Talg, Balg, folg, welch, Kelch, solch, Dolch,
Molch, Milch — Hil fe, hilf, Schilf, Wolf, Wöl fe,
elf, half, — Halm, Helm, Schelm, Ul me, Kulm.
Die Nel ke sah schön roth und gelb, doch ist sie nun welk.
— Aus der Wol ke kommt der Re gen. — Kuh, gieb uns
schö ne Milch! — Der Wolf sieht bald wie ein Hund aus.

Karbn, Kärke, Erln,

Talg, Kirz, Wundn,

24. Korb, Kor be, Gar be, Far be, Far ben,

Er be, er be, herb, derb, wer be, wirb, warb, starb, ster ben, ger ben, wer ben, ge stor ben, ver der ben. — Mord, Bord, Nord, Mar der, ward, wird; — Hirt, hart, Art, Bart, Gurt, Gür tel, Ort, fort, Wort, Sor te, Tor te, Pfor te, dort; — Dorf, Torf, Schorf, scharf, darf, Wurf; — Burg, Berg, arg, karg, Sarg; — Storch, horch, durch, Ler che; — stark, Park, Mark, Har ke, Werk, Stär ke, Ker ker, Bir ke; — Karl, Kerl, Er le, Quirl; — Arm, Darm, Harm, warm, Schwarm, Sturm, Thurm, Wurm, Schirm, Lärm, Ge därm; — Horn, Dorn, Born, Korn, Kern, fern, Stern, Garn, Hirn, Ge hirn; — Marsch, morsch, barsch, Hirsch; — Wurst, Durst, Horst, Fürst, Forst, Förster; — Herz, Scherz, Erz, Schurz, Sturz, Wur zel, kurz, schwarz, Harz; — Vers, wer war's? Mars.

Im Kor be lie gen vie le Quir le. — Der Storch ist ein Vo gel. — Der Hirt hü tet die Scha fe und die Kü he. — Der Hirsch hat ein Ge weih von Horn. —

Angel, Hund, Cur.

25. Lam pe, Lump, Lum pen, Käm pe, Am pel; — Hemd; — Amt, leimt, keimt, reimt, kam't, kämmt, kömmt, kommt, summt, ver stummt, stemmt, sammt; — Sims, Eins, Wams, Sams tag; — Hund, rund, Hand, Rand, Brand, Wand, Land, Band, Feind; — ver neint, meint, scheint, schont, bunt; — Hanf, Senf, Genf; — Gans, Hans, Zins, uns, eins; — Tanz, ganz, Wan ze, Lenz; — Mensch, Wunsch, Punsch; — Kunst, Gunst, einst, weinst, meinst, schonst, schäumst, kamst, leimst, säumst, bäumst.

Nacht, Macht, Schacht, Pacht, Licht, Gicht, Schicht, Wicht, nicht, dicht, echt, recht, Hecht, kocht, pocht, Docht, Zucht, Bucht; — lachſt, wachſt, rauchſt, hauchſt, reichſt, weichſt.

Die Lampe war in einer Ampel. — Den Soldaten nennt man auch einen Kämpen. — Das Hemd iſt zu Lumpen geworden. — Aus Hanf macht man Bindfaden.

Mützen, Ratzen, jetzt,

Nachſt, mützt, küßt,

26. Mütze, Stütze, ſchütze, Schutz, Ritz, Putz, Nutzen, Netz, Metze, netzen, ſetzen, wetzen, Witz, Sitz; Satz, Schatz, Latz, Katze, Tatze, jetzt, zu letzt, hetzt, küßt, nützt, ſchützt, Setzer, Ketzer Stutzer.

Die Mütze iſt von Tuch, Zeug oder ..de. — Die Katze iſt ein falſches Thier. — Der Fiſch war in dem Netze, der arme Fiſch. Nun kocht die Mutter ihn.

Tucke, Ecke, packen,

27. Stock, Stück, dick, Lack, Sack, Pack, Ecke, Decke, leck, Recke, Rock, Bock, Schock, Socke, Pocke, Locke, Mücke, Lücke, bücke, Rücken, Jacke, Hacke, Backe, Dicke, Wicke, nicke, Nacken, Zacken, backen, packen, Acker, wacker, Zucker, locker, Bäcker, Buckel, Deckel, Fackel, Wickel; ſtockt, lockt, zuckt.

Der Stock iſt von hartem Holz. — Ein Schock hat

vier Man del. — Das Kind starb an den Po cken. — Die Ka tze mach te ei nen Bu ckel. — Die Ja cke war von Sammt.

Rang, Jungn, bang,

28. Ring, Rang, hang, hing, Ding, ging, Gang, lang, sang, bang, jung, Jun ge, Lun ge, Zun ge, Zan ge, Wan ge, ban ge, Ran ge, An gel, An ger, fan gen, san gen, ran gen, singt, ge lingt, ge lin gen, flu gen, Fin ger, Din ge, lan gen, ban gen, ban ges, lan ges, langt, en ge, Men ge, En gel, Ben gel.

Der Ring war rund und von Gold. — Der Jun ge biß sich in die Zun ge. — Mit der Zange zieht man den Na gel heraus. — Der En gel kam vom Him mel. —

Trank, trinken, Onkel, springen, sngn, denken,

29. Schrank, krank, Zank, Dank, Bank, Trank, Trunk, Prunk, trink, Zink, Fink, Wink, win ke, trin ke, schen ke, den ke, len ke, Len ker, An ker, Den ker, den= ken, schen ken, Schin ken, win ken, Win kel, En kel, On kel, Hen kel, Klin ke, Klin ge, brin ge, trin ke, Zan ge, zan ke, Wan ge, wan ke, fin ge, Fin ke, hin gen, hin ken, En gel, Hen kel, Sen kel, sang, sank, Drang, Trank, bang, Bank, Schwank, Schrank, schlang.

Wer denkt, ist ein Den ker. — Was ist der, wel cher die Ros se lenkt? — Die Klin ke ist von Eisen, aber die Klin ge

des Messers oder Säbels von Stahl. — Wenn wir nur
die Finken fingen.

Zopf, Haupt, Gift,

30. Apfel, Napf, Kopf, Topf, Zopf, Zapfen,
zupfen, rupfen, hüpfen, tapfer, köpfen; Haupt,
Lips, Pips, hops, Gips; — Gift, Luft, Schaft,
Haft; — lebt, webt, reibt, raubt, Abt; — lebst,
lobst, labst, schabst, reibst, hebst, hobst, Obst, Papst.

Der Apfel fiel mir auf den Kopf. — Der Napf und
der Topf sind in der Küche, aber auch der Zopf. — An
der Tanne sind Zapfen. — Das Gift lag im Schranke,
da hat Lottchen genascht. Nun ist das Mädchen so krank,
daß es sterben wird. — Iß lieber Obst als Gift.

Pfau, Pfarrer, Pfuscher,

31. Pfeil, Pfau, Pfad, Pfahl, Pfuhl, Pfühl,
Pfund, Pfand, Pferd, Pfoste, Pfote, Pfeife,
Pfütze, Pfanne, Pfarrer, Pfennig, Pfeffer.

Der Schütze schoß einen Pfeil nach dem Apfel. — Wie
viel Lothe gehören zu einem Pfunde? — Der Pfeffer
ist ein Gewächs, und der Pfennig eine Münze.

Flinte, Pflüge, Blech,

32. Glas, Gläser, Gleis, gleich, glatt, Glaube,
Glied, Glocke, Glucke, Glück, glücklich, Gluth, glühen,
Glase, Blase, blau, Blei, bleich, Blech, bloß, Blut,

Blume; Plan, Plage, plagen, Pleiße; Fleisch, Floh, Flur, Flor, Flaum, flach, Fluch, fluchen, Flug, fliegen, Flegel, flechten, Flasche, Flamme, Flinte; — Gleis, Kleid, Kleie, klein, Kloß, klar, klug, Kloster, Kleister, Klafter; — Schlaf, Schlag, Schlauch, Schleim, Schleife, Schleuse, schlagen, Schlosser, Schloßen, schließen, Schlitten, Schlehen; — Pflaume, Pflug, pflügen, Pflanze, Pflaster, Pflege, Pflock, pflanzen, pflastern, pflegen, verpflichten.

Das Glas und die Flasche sind im Schranke. — Floh und Fliege sind Insekten. — Der Schlaf stärkt den Müden. — Hast du schon Schlehen gegessen? — Wie gefiel dir das Schloß?

Braut, Prinz, brav,

33. Drache, Dreier, dreist, drehen; — Brache, Brei, breit, Brut, Brod, Bret, Braut, Bruch, Brust, braun, brav; — Preis, Prinz, Probe, Pracht, preisen, proben; — drei, frei, froh, frisch, Frosch, Frau, Frost, frech, Frage, fragen, Fracht, betrachten.

Der Drache fliegt in der Luft. — Drei Pfennige gelten einen Dreier. — Frage den Fuhrmann nach der Fracht. — Das frische Brod lag auf einem Brete; iß nicht davon, sonst wirst du krank.

Trog, Schraube, Strafen,

34. Treppe, Trappe, Truppe, Traum, Trog, Trug, Trage, tragen, trachten, Traube, traben, treiben, Traufe, träufeln, Trichter, Tropfen; — Trug, Krug,

Kreuz, Kraut, Kreibe, Krone, Kreis, Greis, Gries, Gras, grob, grab, Grube, Graf, greif, greisen, Griff, groß, Größe, begraben, Gran, Graupe, Schraube, schrauben, schreibe, Schrift, schreite, Schritt, Schrot, schroten; — Streif, Strafe, strafen, Strom, strömen, streuen, Streu, streichen, Strich, Strauch, Strauß, Sträußer, Straße.

Die Treppe hat oft dreißig und mehr Stufen. — Die Traube hängt am Weinstock. — Der König trägt eine Krone. — Ein Grab ist eine enge Grube. — Der Mensch ist oft kaum einen Schritt vom Grabe.

Spargel, Specht, Zulp.

35. Spiegel, Spargel, Speichel, Speiche, Spur, spüren, sparen, sparsam, spärlich, Span, Speise, speisen, Spaß, spaßen, Spalt, spalten, spät, Spaten, Spatel, Spule, spulen, spielen, Spiel, Spanne, spazieren, Specht, Speck, Speer, Sperling, Sperber, Spende, spenden, sprechen, Sprache, Sprüche, Spruch, Spindel, Spitz, Spitze, Sporen, Spott, spotten, Spöttisch, Splitter, Spreu, Sprung, springen, sprengen, Sprengung, spucken, Spund, Zulp.

Der Spiegel ist von Glas. — Specht, Sperber und Sperling sind Vögel. — Der Spargel stand recht spärlich auf dem Beete. — Das Spiel der Kinder machte mir großen Spaß. — Kind, lerne deine Sprüche gleich, morgen ist es zu spät.

Zweig, Schwan, schwach.

36. Zwiebel, zwei, zweite, Zweifel, Zweig, Zwerg,

Zwer gin, zwi cken, Zwi ckel, Zwie back, Zwil ling, Zwin ge, zwin gen, Zwang, Zwirn, zwi schen, zwo, zwölf, zwei; — Schwein, Schweiß, schwach, Schwanz, schwin gen, Schwung, schwer, Schwert, Schwal be, Schwamm, Schwan, Schwank, schwan ken, Schwur, schwär men, Schwarm, schwarz, Schwe fel, Schwe ster, Schweif, schwem men, schwim men, Schwim mer, Schwin del, Schwur, schwö ren.

Die Zwie bel stand auf dem Spar gel bee te. — Der Zwerg ist ein sehr klei ner Mensch. — Das Pferd hat ei nen lan gen Schweif. — Der Held kämpf te mit dem Schwer te. — Darf der Mensch schwö ren?

Maitkau, Haidnblum,

37. Mai kä fer, Mai e, Main, Rain, Hai, Hain, Hai de, Mais, Maid, Waid, Sai te, Laich, Laib, Kai ser, Mai blu me, Mai ka tze, Mai thau, Mai luft, Mai lust, Mai son ne, Mai but ter, Mai wurm, Main fluß, Main= brü cke, Feld rain, Holz rain, Göt ter hain, Hai de= kraut, Hai de blu me, Hai de gras, jun ge Maid, rei fer Mais, gel ber Mais, Mais korn, Mais stroh, Mais= brod, Mais feld, blau er Waid, Waid blau, Darm= sai te, Sai ten ton, Fisch laich, Frosch laich, Laich zeit, war mes Laib, har tes Laib, deut scher Kai ser, Kaiser= kro ne, Kai ser stadt, Kai ser schlacht, Kai ser wahl.

Der Mai kä fer ist auch ein In sekt. — Zwi schen zwei Fel dern geht ein schma ler Rain. — Die Mai but ter ist die be ste, die es giebt. — Der Kai ser trägt ei ne Kro ne. — In der Hai de ste hen Hai de blumen. — Der Waid giebt ei ne blau e Far be. — Der Mais ist ei ne Ge trei de art. — Ei ne Maid ist ein Mäd chen.

Sträußchen, Äuglein,

38. Mäus chen, Häus chen, Häu ser chen, Bäum=
chen, Strauß chen, Häut chen, Kräu ter chen, Käuz chen,
Mäul chen, Räum chen, Schmäuß chen, Gräup chen,
Häub chen, Schräub chen, Bräut chen, Mäus chen,
Mäus lein, Häus chen, Häus lein, Bäum lein, Aeug=
lein, Käuz lein, Bäuch lein, Sträuch lein; Brü der chen,
Schwe ster chen, Müt ter chen, Vä ter chen, Fränz chen,
Lis chen, Fritz chen, Rös chen, Aenn chen, Häns chen,
Kätz chen, Häs chen, Vö gel chen, Pferd chen, Hünd=
chen, Gäns chen, Roth kehl chen, Roth schwänz chen.

Die Ka tze fing im Häus chen ein Mäus chen. — Auch
das Käuz chen fängt das Mäus chen. — Wie ge fällt dir
ein Sträuß chen Blu men? — Soll ich dir eins pflü cken?

Halme, Thränen, Athem,

39. Thür, Thal, Tha ler, That, Thä ter, Thee,
Theer, Theil, thei len, theu er, Theu e rung, Thier,
Thier gar ten, Thon, Thor geld, Thor heit, Thran,
Thrä ne, Thron, thun, Thurm, Thurm glo cke, Thurm=
spi tze; — ra then, A them, Ru the, Muth, Noth,
roth, Rö the, Rö thel, Pa the, Wuth, Wüth rich,
Fluth, Gluth, Werth, Blü the, Räth sel.

An der Thü re ist ein Schloß. — Der Mör der be ging
ei ne bö se That. — Hörst du den Ton der Thurm glo cke?
— Der Tö pfer fer tigt sei ne Waa ren aus Thon. — Die
Gluth des Feu ers reich te bis an die Thurm spi tze. — An
Grä bern flie ßen oft vie le Thrä nen.

Jacke, jauchzen, Jude,

40. Jagd, ja gen, Jä ger, Ja cke, jach, jäh, Jäh zorn, Jahr, jähr lich, jäh rig, Jam mer, jäm mer= lich, Jas min, Jas pis, jauch zen, je der, je doch, Je= mand, jenseit, jetzt, Joch, Jo hann, Ju bel, ju beln, Ju de, Ju gend, Jung frau, Jüng ling, Ju wel.

Der Jä ger geht je des Jahr im Herb ste auf die Jagd. — Der Jas min ist ei ne Blu me, der Jas pis ist ein Stein. — Ju we len sind E del stei ne. — Hast du den Ju bel der Jüng lin ge und Jung frau en ge hört? — Jo hann ist ein Na me. — Die Ju gend ist die schön ste Zeit des Lebens. — Freu e dich, Kind, in dei ner Ju gend. — Hast du schon ei nen Ju den ge se hen?

Carl, Cantor, Centner,

41. Cla vier, La va, Lar ve, brav, Ner ven, Mal ve, Fre vel, Mö ve, Raub vo gel, ver der ben, Ca ca o, Ca me rad, Ca nal, Can tor, Ca pel le, Ca per, Ca ser ne, Cas se, Clas se, Clau se, Com paß, Co pist, Cur, cu ri ren, Chur, Chor, Christ, Cho le ra, Chro= nik, Chur prinz, Chur hut, Char frei tag, Cre a tur, Cre dit, Rec tor, Lec tor, Ce der, Cent ner, Cen sur, Ci der, Ci tro ne, Cö le sti ne, Cä ci li e, Me di cin.

Der Kna be spielt gut auf dem Cla vie re. — Ca pel len sind klei ne Kir chen. — In der Ca ser ne woh nen Sol da ten. — Wenn du flei ßig bist, kommst du bald in ei ne an de re Clas se; so auch bei ne Ca me ra den. — Die Cho le ra ist ei ne schlim me Krank heit. — Die Ce der ist ein Baum und

die Ci tro ne ei ne Frucht. — Ler ne flei ßig, so be kommst
du ei ne gu te Cen sur.

Text, Xaver, Xerxes,

Ochse, schoß, probum,

42. Art, Text, Kur, Max, fix, Ta re, He re, Ni re,
Fe lix, A le ran der, E rem pel, E ra men, Xa ver,
Xer xes, Xan ten.
    Wachs, Dachs, Lachs, Flachs, Fuchs, Luchs, Ach se,
Wich se, Flech se, Wech sel, Och se, wach sen, Sach=
sen, Weich sel, Büch se, Wuchs.
    Mar schlug mit der Art in ei nen Baum. — Fe lir,
Xa ver, A le ran der und Xer xes sind Na men. — Im
E ra men wer den E rem pel ge rech net. — Der Fuchs ver-
trieb den Dachs aus sei nem Bau. — Der Fuchs wag te sich
nicht an den Luchs. — Pflan zen hei ßen auch Ge wäch se.

Quart, Qualm, Quaster,

quicken, wacker, sagt,

43. Quirl, Qual, Quart, Qua ste, quer, Quad rat,
quiet schen, Quent chen, qua ken, qui ken, quä len,
Qualm, Quarz, Quark, Quel le, quillt, be quem.
    Die Quel le quillt oft aus har tem Stein her vor. —

Aus dem Schornsteine kommt oft Qualm. — Der Kiesel besteht aus Quarz. — Zehn Quent sind ein Loth, dreißig Loth ein Pfund, und hundert Pfund ein Centner.

Ysop, Cypreß, Hyäne.

J = Y, i = y. Cy rus, A syl, Sy rup, Fan ny, Styl, Hy ä ne, Cy pres se, Ys sel, Y sop, Yp si lon.

E pheu, Jo seph, A dolph, Ru dolph, So pha, Pha ra o, Phi lipp, Pha ri sä er, Pro phet, Phi li ster, Ste phan, Gra phit; Na ti on, Por ti on, Auc ti on, Ab di ti on, Pa ti ent, Quo ti ent, Re for ma ti on.

Der Syrup ist süß. — Die Cypresse ist ein Baum, aber die Hyäne ein Raubthier. — Cyrus und Joseph sind Namen. — Der Epheu ist eine Pflanze oder ein Gewächs. — In der Auction kann man oft viele Dinge kaufen.

Hundehütte, **Hundehütte.**

Fischnetz, Wagenrad, Buchschale, Bettstroh, Mondschein, Sägebock, Vogelnest, Zuckerdüte, Kirschbaum, Scheibenschießen, Kalbskeule, Stacheligel, Ofenbank, Erdbeere, Uhrzeiger, Flußkahn, Feueresse, Hundehütte, Weinfaß, Finkennest, Zeltstange, Ackerwalze, Nelkenbeet, Korbmacher, Lampenlicht, Mützenschild, Spazierstock, Fingerring, Brodschrank, Apfelmuß, Pfeilspitze, Bierglas, Drachenschwanz, Treppenstufe, Spiegelglas, Meerzwiebel, Maikatze, Hausmäuschen, Stubenthüre, Jagdhund, Clavierspiel, Holzart, Suppenquirl.

Dritter Gang.
Das Satzlesen*).

1. Der Fisch.

Der Fisch ist ein Thier. — Er lebt im Wasser und kann nicht auf dem Lande leben. Da würde er bald sterben. Der liebe Gott hat den Fisch gemacht. Er gab ihm einen Kopf mit zwei Augen, einen Leib und ein Schwänzchen. Sein Leib ist mit Schuppen besetzt. Auf dem Rücken, dem Bauche und an den Seiten hat er Flossen. Er kann damit schwimmen. Der Kahn und das Schiff schwimmen auch. Der Fisch kann nicht sprechen, nicht singen, nicht schreien. Er ist stumm.

Die Menschen fangen den Fisch mit der Angel oder mit einem Netze. Die Mutter kocht ihn, und dann wird er gegessen. Er schmeckt gut. Der Häring, der Hecht, der Aal, der Karpfen, die Barbe sind Fische.

Der Fisch lebt in dem hellen Bach;
Ein Fischlein schwimmt dem andern nach.

2. Das Rad.

Das Rad ist ein Ding. Es ist rund, wie ein Ring. An jedem Wagen kannst du es sehen. In der Mitte des Rades ist die Nabe, dann kommen die Speichen und rund herum liegen die Felgen. Die Speichen verbinden die Felgen mit der Nabe. Das Rad ist aus Holz gemacht. Damit es besser hält, legt der Schmied einen eisernen Reifen darum.

Die Schubkarre hat nur ein Rad, der Ackerpflug und die Karre zwei, der Wagen und die Kutsche haben vier, aber der Dampfwagen hat gar sechs Räder. Auch am Spinnrad ist ein Rad, und in einer Mühle oder einer Uhr giebt es viele Räder.

---

*) Zugleich Stoff zu Denk-, Sprech- und Schreibübungen.

Kleine Kinder spielen gern mit einem Kollerrade. Die Wagenräder macht der Stellmacher oder Wagner, die Uhrräder der Uhrmacher, die Mühlräder aber der Mühlenbauer.

Liebes Rad, du mußt dich drehn,
Soll der Wagen vorwärts gehn.

3. Das Buch.

Das Buch wird von dem Schüler gebraucht. Es wird aus Papier gemacht und besteht aus zwei Deckeln und vielen Blättern. Der hintere Theil des Buches heißt der Rücken, der vordere der Schnitt. Jedes Blatt hat zwei Seiten. Das erste Blatt heißt das Titelblatt.

Der Buchdrucker druckt das Buch und der Buchbinder bindet die Bogen ein, die der Buchdrucker bedruckt hat.

Das Kind liest und lernt im Buche und hält es recht gut, beschmuzt und verliert es nicht. Im Schreibebuche schreibt, und im Rechenbuche rechnet es. Wo hast du dein Buch zu Hause, und wo in der Schule? Hast du schon mehrere Bücher? Du hast ein Lesebuch? Vater und Mutter haben auch Bücher. Die Bibel und das Gesangbuch sind Bücher.

Das Lesen ist doch gar zu schön;
Was mag nur in dem Buche stehn?

4. Das Bett.

Das Bett ist von Holz oder von Federn. Das Bett von Holz heißt auch das Bettgestell oder die Bettstelle, und wird vom Tischler gemacht. Es hat vier Beine. In ihm liegt ein Strohsack und mehrere Federbetten. Eins heißt das Unterbett, eins das Deckbett und eins das Kopfkissen. In manchem Bette liegt eine Matratze und kein Unterbett.

Das Bett steht in der Schlafstube oder Kammer. Der Müde legt sich Abends in das Bett und steht am Morgen auf. Der Schlaf hat ihn gestärkt. Der Kranke muß oft so lange im Bette liegen, bis er wieder gesund wird.

Legst du dich in das Bett hinein,
Falt' zum Gebet die Hände dein!

5. Der Mond.

Der Mond steht hoch am Himmel. Der liebe Gott hat ihn gemacht und so hoch gestellt. Der Mond ist rund, wie eine Kugel. Deßhalb heißt er auch die Mondkugel. Er ist sehr weit und sehr groß. Sein Licht, in dem er leuchtet, heißt das Mondlicht. Er bekommt dies von der lieben Sonne, die auch am Himmel steht. Dann schickt er's wieder auf die Erde, und erleuchtet sie.

Wenn der Mond scheint, so ist es hell, doch nicht so hell als am Tage. Wenn der ganze Mond von uns erleuchtet gesehen wird, so sagt man: Es ist Vollmond. Sieht man ihn halb erleuchtet, so ist es erstes oder letztes Viertel. Bei Neumond sieht man vom Monde Nichts, kurz nachher nur einen schmalen Streifen, die Mondsichel. Der Mond geht auf und unter, wie die liebe Sonne. Er ist, wie sie, ein Stern, aber viel kleiner.

Es scheint der Mond in stiller Nacht,
Schlaf, Kind, dein Gott im Himmel wacht.

6. Die Säge.

Die Säge ist ein Werkzeug, das von Holz und Eisen oder Stahl gemacht ist. Von Stahl ist das Sägeblatt. Es hat unten scharfe Zacken oder Zähne. Von Holz ist das Gestelle. Es besteht aus zwei Armen, zwei Griffen und einem Stege. Oben ist die Schnur. Die Säge wird mit ihr durch den Spanner gespannt. Manche Sägen sind auch anders eingerichtet; aber ein Blatt mit Zähnen hat jede. —

Mit der Säge zerschneidet man besonders Holz; doch giebt es auch Sägen, mit denen man selbst Eisen und andere Metalle zerschneiden kann. Der Holzhacker, der Zimmermann, der Tischler, der Böttcher und viele Handwerker brauchen die Säge. Der Sägeschmied oder Zeugschmied macht die Säge. Er schärft sie auch, wenn sie stumpf geworden ist.

Die Säge knarrt im Holze drin;
Merk' auf, da fällt der Baum schon hin.

7. Die Vögel.

Die Vögel sind auch Thiere. Sie sind vom lieben Gott geschaffen, wie die Fische. Sie fühlen sich warm an, und nicht kalt, wie diese. Die Vögel haben warmes Blut. Sie haben zwei Beine, zwei Flügel, einen Schwanz und einen Schnabel. Ihr Körper ist mit Federn bedeckt. Fast alle können fliegen. Die meisten leben in der Luft, andere laufen auf der Erde umher, und noch andere schwimmen auf dem Wasser.

Manche Vögel können schön singen; man nennt sie Singvögel. Die Lerche, die Nachtigall, der Finke und der Canarienvogel sind Singvögel. Sie fressen Körner, Maden und Würmer, manche fressen andere Vögel und Thiere. Diese nennt man Raubvögel. Die Vögel bauen Nester. In ihnen sitzen sie und legen ihre Eier hinein. Die Eier bebrüten sie, dann kommen die kleinen Vögelchen heraus. Man darf keine Vogelnester ausnehmen.

Der Vogelfänger fängt, der Jäger schießt, die Köchin schlachtet manche Vögel. Das Fleisch von manchen Vögeln wird gegessen. Wie schmeckt der Gänse- und der Entenbraten? Wie das Fleisch des Huhnes und der Taube? Welcher Vogel giebt uns das weiche Federbett? Welche Vögel ziehen im Winter fort, und welche bleiben da? Welcher Vogel sieht schwarz, welcher bunt, welcher grau, welcher gelb, welcher grün? Welcher hat ein rothes Kehlchen, und welcher ein rothes Schwänzchen?

Hör' die Vögel, wie sie singen,
Ihrem Gott ein Loblied bringen.

8. Die Düte.

Die Düte ist von Papier gemacht. Da sie drei Ecken hat, so nennt man sie dreieckig. Wäre sie viereckig, würde sie ein Papiersack heißen. Die Düte ist oben weit und offen, unten ist sie spitzig und geschlossen. In eine Düte kann man viele Dinge thun. Der Kaufmann packt manche Waaren in Düten, wie Kaffee, klaren Zucker, Pfeffer und andere Gewürze. Welche Düten sind dem Kinde die liebsten? Was ist in einer Zuckerdüte? Wer viel Zuckerzeug genießt, wird ein Näscher werden. Der Näscher bleibt nicht lange gesund, sondern wird bald krank. Er verdirbt sich den Magen.

Ihr Dütennäscher, laßt euch sagen:
Viel Zuckerzeug verdirbt den Magen.

9. Der Baum.

Der Baum ist von Gott gemacht. Er ist ein Gewächs, denn Gott läßt ihn aus der Erde wachsen. Er besteht aus Wurzel, Stamm und Krone. Die Wurzel befindet sich in der Erde und breitet sich in vielen Theilen aus, die man Wurzelstöcke nennt. Sie hält den Baum fest und führt ihm Nahrung zu. Der Stamm besteht aus Rinde oder Schale, Splint, Holz und Mark. Die Krone aus Aesten, Zweigen und Blättern. Der oberste Theil des Baumes heißt Wipfel.

Die Bäume stehen in Gärten, an Straßen, in Wäldern und an vielen Orten. Bäume in Gärten heißen Gartenbäume, und weil sie meist Obst oder andere Früchte tragen, Obst- oder Fruchtbäume. Die Bäume in Wäldern heißen Waldbäume. Sie liefern uns das Brenn- und Nutzholz. Von Holz bauen wir unsere Häuser und fertigen viele Geräthe. Bäume, welche Blätter oder Laub tragen, heißen Laubbäume. Die Eiche, die Buche, die Birke sind Laubbäume, aber die Tanne, die Kiefer, die Fichte sind Nadelbäume. Warum wohl?

Welch schöner Schmuck für die Natur
Ist doch der Baum in Wald und Flur!

10. Die Scheibe.

Die Scheibe ist rund und wird aus Holz gemacht. In der Mitte ist ein runder, weißer Punkt. Um ihn liegt ein breiter schwarzer Kreis, und um diesen gehen noch viele Kreise, welche alle gleich weit von einander entfernt sind. Auf manchen Scheiben ist statt der vielen Kreise auch ein Gemälde.

Nach der Scheibe wird geschossen. Man schießt mit dem

Blasrohre, mit der Armbrust, der Flinte und Büchse. Dies nennt man ein Scheibenschießen. Alle schießen nach dem weißen Kreise in der Mitte, aber nur Wenige treffen ihn. Wer ihn trifft, ist ein guter Schütze und bekommt den Preis. Schlechte Schützen treffen nicht einmal die Scheibe. Die Kugel durchbohrt die Scheibe.

> Die Scheibe ist ein fernes Ziel,
> Ein schlechter Schütze trifft nicht viel.

11. Die Keule.

Die Keule ist von Holz. Sie ist rund, unten stark und schwer, aber oben schwach. Die Keule ist eine Waffe, welche die wilden Völker im Kampfe gegen ihre Feinde gebrauchen. Auch die alten Deutschen kämpften mit Keulen. Nur starke Männer können mit der Keule schlagen. Die Riesen kämpften oft mit ihr und zerschmetterten ihre Feinde damit. Ein Keulenschlag ist fürchterlich, besonders wenn das starke Ende mit eisernen Nägeln oder Stacheln beschlagen ist.

> Die Keule schwingen ist gar schwer;
> Sie ist des wilden Mannes Wehr.

12. Der Igel.

Der Igel ist ein Säugethier. Er wird oft verfolgt, da man ihn für ein schädliches Thier hält. Das ist er aber nicht, obwohl er sehr gefährlich aussieht. Er hat vier Füße. Sein braungraues Fell ist mit spitzigen Stacheln bedeckt. Will man ihm etwas thun, so rollt er sich wie eine Kugel zusammen. Jetzt kann man ihn nicht angreifen, ohne sich zu stechen. Selbst der Hund bellt ihn nur an, beißt ihn aber nicht.

Der Igel lebt meist auf den Feldern, wo er Mäuse fängt, doch frißt er auch Frösche, Kröten, Eidechsen und Insekten. Selbst giftige Schlangen, wie die Kreuzotter, fängt und frißt er. Ihre Bisse schaden ihm nicht, er stirbt nicht darnach. Im Winter schläft er so lange, bis es wieder warm wird. Da er einen garstigen Geruch verbreitet und in Häusern besonders viel Gepolter macht, so kann man ihn hier nicht gebrauchen. Auf Feldern und in Wäldern sollte man nie den Igel tödten. Warum nicht? Was für ein Thier ist er?

Kommst du dem Igel gar zu nah,
Gleich ist er mit den Stacheln da.

13. Der Ofen.

Der Ofen ist ein Hausgeräth. Er besteht meist aus dem Ofenkasten und dem Aufsatz. Der Ofenkasten ist aus Eisen gemacht, enthält einen Feuerraum mit oder ohne Rost. Ein Thürchen verschließt den Feuerraum oder die Feuerung. Wenn der Ofen ein Kochofen ist, so befindet sich eine Kochröhre im Ofenkasten. Auch diese ist mit einer oder zwei Thüren verschlossen. Die Kochröhre ist durch Eisenplatten von der Feuerung getrennt. Auf dem Ofenkasten steht der Aufsatz. Der ist bald von Steinen, bald von Thon, bald von Kacheln oder Fließen. Es giebt aber auch Aufsätze von Eisenplatten oder Blechtafeln.

Im Aufsatze befinden sich die Züge, durch welche Rauch und Ruß nach dem Schornsteine geleitet werden. Ein Rohr führt vom Ofen in den Schornstein. Der Ofen muß oft gekehrt oder gereinigt werden. Im Ofen wird gekocht und geheizt. Wer macht oder setzt den Ofen? Giebt es auch Blechöfen? Wozu dient der Ofen? Wer reinigt den Ofen? Was geschieht, wenn man dem heißen Ofen zu nahe kömmt? Giebt es auch noch andere Oefen?

Holz und Kohlen füttern dich,
Dafür, Ofen, wärme mich.

14. Die Beere.

Die Beeren sind Früchte, welche auf Bäumen, Büschen und Sträuchern in Gärten, Wäldern und an vielen Orten wachsen. Viele von diesen Beeren kann man essen. Wie sind solche Beeren? Andere Beeren würden tödten oder gefährlich krank machen, wollte man sie essen. Was für Beeren sind dies? Die Beeren sind mit einer Haut oder

Schale überzogen, in welcher sich Kerne und meist ein dickflüssiger Saft oder Brei befinden. Die Kerne sind die Samenkerne. Der Saft oder Brei ist bei den eßbaren Beeren meist sehr wohlschmeckend. Vom Safte der Wein- und der Johannisbeere macht man Wein.

Manche Beeren stehen einzeln, wie Erdbeeren, Stachelbeeren, Himbeeren, Heidelbeeren, Preißelsbeeren, Brombeeren, manche bilden aber auch Träubchen oder Dolden. In welcher Form findet sich die Weinbeere, die Johannisbeere, die Vogelbeere, die Hollunderbeere? Was thut die Mutter mit den eßbaren Beeren, damit sie auch noch im Winter gegessen werden können? Manche Beeren dienen auch zum Färben. Kennst du die Kreuzbeere? Die giftigsten Beeren sind die Tollkirsche, die Einbeere, beide blauschwarz, und die hochrothe Kellerhalsbeere.

> Lockt dich der Beere glänzend Roth,
> So fliehe sie, ihr Gift bringt Tod.

15. Die Uhr.

Die Uhr wird vom Uhrmacher gemacht. Sie ist ein Kunstwerk, und der Uhrmacher ein Künstler. Die Uhr zeigt uns die Zeit an nach Stunden und Minuten. Es giebt sehr verschiedene Arten von Uhren, als Taschenuhren, Stutzuhren, Wanduhren und Thurmuhren. Alle diese Uhren haben ein Werk, Uhrwerk, welches aus verschiedenen Rädern besteht. Die Räder sind von Holz, Stahl und Messing und haben im obern Rande Zähne. Das Werk ist im Innern der Uhr, im Uhrgehäuse. Bei den Taschenuhren ist dies Gehäuse oft von Gold, von Silber, oder von Tomback. Wenn wird wohl eine Uhr eine goldene, silberne oder tombackne genannt werden? Sind in goldnen Uhren die Räder auch von Gold? Die Thurmuhren haben kein solches Gehäuse.

Vor dem Uhrwerke ist das Zifferblatt mit den Ziffern am Rande. Die Zeiger zeigen auf die Ziffern. Der eine heißt der Stunden-, der andere der Minutenzeiger. Welcher Zeiger geht am schnellsten? Welcher geht über den andern hinweg? An Wand-, Stutz- und Thurmuhren findet man auch einen Stab oder ein Stäbchen mit einem Scheibchen, welches sich bald nach rechts, bald nach links bewegt. Es heißt das Pendel oder Perpendikel. So lange das Pendel sich bewegt, geht die Uhr. Die Uhr muß aufgezogen werden. Womit geschieht das? In alter Zeit hatte man Sand- und Wasseruhren. Unsere Uhren heißen Räderuhren. Warum wohl? Wenn die Uhr die Stunden durch die Schläge an eine Glocke oder eine Feder anzeigt, so ist sie eine Schlaguhr. Welche Uhren sind meist Schlaguhren?

Wie der Zeiger an der Uhr,
Läuft das Leben vorwärts nur.

16. Der Kahn.

Der Kahn ist ein Fahrzeug auf dem Wasser, also ein Wasserfahrzeug. Er besteht aus dem Boden und den Seitenwänden oder Borden. Der Kahn ist meist klein, also kurz, schmal und niedrig, so daß nur wenige Menschen in ihm Platz haben. Solche Kähne schlagen auf dem Wasser leicht um. Doch giebt es auch lange und breite Kähne. Mit dem Kahne fährt man auf Flüssen und Teichen. Man bewegt ihn mit Handrudern oder Ruderstangen.

Die größten Wasserfahrzeuge heißen Schiffe. Es giebt Dampf- und Segelschiffe. Die Menschen haben erst Kähne gebaut, ehe sie Schiffe bauen lernten. Mit den Schiffen fährt man auf Seen, Meeren und großen Strömen. Die Kähne, welche Menschen und Waaren auf größere Schiffe bringen, nennt man Boote.

Der Zimmermann baut den Kahn. Er wird aus Holz gemacht. Der Fischer gebraucht ihn beim Fangen der Fische, zu seinen Flußfahrten, sowie zum Fahren von Menschen über Flüsse und Ströme. Ist ein Kahn zum Theil mit einem Dache versehen, unter welchem man sitzen kann, so nennt man ihn Gondel. Bist du auch schon in einem Kahne gefahren? War es ein Fluß, Strom oder Teich, auf welchem du fuhrst? Gab es bei einer Kahnfahrt auch solche Stöße, wie auf einem Wagen oder in einer Kutsche?

Der Kahn schwimmt auf dem Wasser hin,
Doch schaukle nicht, sonst liegst du drin.

17. Die Esse.

Die Esse heißt auch Feueresse oder Schornstein. Sie ist in jedem Wohnhause, beginnt auf jedem Feuerungsplatze und geht bis über das Dach hinaus. Die Esse ist inwendig hohl, wie eine Röhre, und bald weit, bald enge. Sie wird vom Maurer aus Steinen erbaut. Der Theil der Esse, welcher zum Dache hinausragt, heißt der Kasten. Manche solcher Kasten haben oben noch ein kleines Dach; dies nennt man den Hut. Die Esse leitet den Ruß und Rauch aus Küchen und Oefen zum Hause hinaus. Da der Ruß sich an die Wände hängt, so sieht eine Esse inwendig schwarz. Oft glänzt er auch, alsdann nennt man ihn Glanzruß.

Damit der Ruß nicht anbrenne, muß der Essenkehrer, der auch Schornsteinfeger heißt, die Esse oftmals reinigen. Womit thut er das? Wie sieht ein Essenkehrer aus? Wo guckt er heraus? Wenn der Ruß einer Esse brennt, muß man sogleich Schwefel anzünden und den Dampf hineinleiten, dann verlöscht das Feuer. Manche Essen haben einen Deckel oder eine Klappe. Wenn man diese schließt, so verlöscht das Feuer auch. Manche brennende Esse hat schon eine Feuersbrunst veranlaßt. Dann verbrennt das ganze Haus. Wie wird wohl eine Esse gebaut sein müssen? Und wovon?

Die Esse raucht zur Mittagszeit,
Das Essen steht gewiß bereit.

18. Die Hütte.

Die Hütte ist ein kleines Haus, und dient theils Menschen, theils Thieren, besonders Hunden zur Wohnung. Die Hundehütte besteht oft blos aus Holz. Sie hat oben ein Dach, und an der Giebelseite eine Oeffnung für den Hund. Hinten und an beiden Seiten ist sie zu. In ihr liegt Stroh zum Lager für den Hund. Hier liegt das treue Thier, um sich vor der Sonnenwärme des Sommers, oder vor der Kälte des Winters zu schützen. Auch bei schlechtem Wetter kriecht der Hund in seine Hütte. Vorn ist eine Kettel angebracht, an welche die Kette befestigt ist. Diese hält den Hund, damit er nicht davonlaufen, oder die Fremden beißen kann. Was thut der Hund, wenn ein Fremder in den Hof kömmt?

In Hütten wohnen oft auch Menschen. Solche Hütten sind größer als Hundehütten, doch sind sie ärmliche Gebäude. Drum wohnen meist nur arme Leute in Hütten. Sie sind bald von Holz, bald von Lehm erbaut. Manche haben nicht einmal Fenster. Auf Feldern, in Gärten und Obstpflanzungen baut sich der Wächter von Stroh und einigen Stangen oft eine Wächterhütte, in welcher er während der Nacht schläft, indeß der treue Hund außen an der Hütte wacht. Auch die Fischer bauen sich bisweilen Hütten. Kann man auch in einer Hütte froh und glücklich leben?

> In der Hütte liegt der Hund und wacht:
> Kind, er bellt und beißt; nimm dich in Acht.

19. Das Faß.

Das Faß ist ein Hausgeräth. Der Böttcher macht es aus Holz. Es ist rund wie eine Walze, doch in der Mitte bauchig, oben und unten enge. Es wird aus schmalen Bretern, die man Dauben nennt, zusammengesetzt. Die Dauben müssen gut an einander passen, sonst läuft das Faß aus. Die Dauben werden von eisernen oder hölzernen Reifen zusammengehalten. Oben und unten ist der Boden des Fasses. In dem einen Boden befindet sich ein nicht zu weites Loch. Man nennt es das Zapfenloch, weil das darein gehörige Holz der Zapfen genannt wird. Auf einer der Dauben befindet sich gerade in der Mitte ein größeres Loch, das Spundloch. Wie wird das hier hinein gehörige Holz heißen?

Was hat man in einem Fasse? Welches Faß nennt man Weinfaß? Welches Bierfaß? Welches Oelfaß? Welches Branntweinfaß? Wie heißt ein Faß, in welchem Syrup ist?

Hat man blos Flüssigkeiten in Fässern? Giebt es nicht auch Geldfäßchen, Zuckerfässer, Gurkenfässer, Krautfässer, Butterfässer u. s. w.? Wie macht man es, um die Flüssigkeiten aus einem Fasse abzulassen? Wie, um den Zucker, das Geld herauszunehmen? Was ist in einem Häringsfasse? Das Häringsfaß wird meist auseinander gesägt, aber nicht geöffnet. In welchem Theile des Hauses stehen meist die vollen Fässer, und wo die leeren?

Ein hölzern Haus für Bier und Wein,
Kind, rath' einmal, was mag's wohl sein?

20. Das Nest.

Auch der Vogel hat ein Haus, in welchem er seine Jungen ausbrütet. Das Nest ist sein Haus. Hast du schon ein Nest gesehen? Mancher Vogel baut sein Nest aus Heu oder Moos, mancher aus Reisern, mancher aus Haaren, mancher aus Koth. Inwendig sind die Nester oft mit Federn ausgepolstert. Woran erinnert dich das? Die Nester sind meist rund und im Innern hohl, wie ein Napf, doch giebt es auch andere Formen. Wer hat wohl dem Vogel den Nesterbau gelehrt? — Oder ist es etwa ein Mensch gewesen?

Man findet die Nester auf dem Wipfel und den Zweigen der Bäume, in den Büschen, im Grase, in hohlen Bäumen und Baumlöchern, im Getreide, in Feldlöchern, im Schilfe. Nicht alle Vögel bauen Nester. Wozu baut der Vogel ein Nest? Warum sitzt der Vogel auf den Eiern, die er ins Nest gelegt hat? Aus den Eiern kriechen die jungen Vögel aus. Sie leben im Neste, bis sie fliegen können. Wann sie dies können, nennt man sie flügge. Was thut kein gutes Kind mit Vogelnestern? Was nicht mit den Eiern der Vögel, und was nicht mit den Jungen? Wer Nester ausnimmt, wird sicherlich ein böser Mensch werden.

Im Neste sitzt die Vogelmutter,
Und hungern die Kleinen, so bringt sie Futter.

21. Das Zelt.

Das Zelt ist auch eine Wohnung. Es wird nicht aus Holz oder Steinen gefertigt, sondern aus Leinwand. Die Leinwand wird über Stangen gehangen, die man Zeltstangen nennt, und unten mit Leinen befestigt. Es kann schnell aufgeschlagen und weggenommen werden. Die Soldaten wohnen oft unter Zelten. Auch giebt es manche Völker, welche in Zelten wohnen. Wenn sie weiter ziehen, brechen sie das Zelt ab und schlagen es an einem andern Orte wieder auf. Die Form der Zelte ist verschieden. Manche sind lang, manche spitzig und wie ein Zuckerhut gestaltet. Hast du auch schon ein Zelt gesehen und wo?

Kein Haus wird so schnell hergestellt,
Als des Soldaten Leinwandzelt.

22. Die Walze.

Die Walze ist ein Ackergeräth. Sie ist von hartem Holz gemacht, meist aus einem Baumstamme. Die Walze ist lang, rund und an allen Stellen, also vorn, hinten und in der Mitte, gleich dick. Es giebt auch eckige und gerifte Walzen. An ihren beiden Endpunkten sind Zapfen oder Achsen, um welche sie sich bewegt. Die Zapfen befinden sich in einem Gestelle, dem Walzengerüst. Dieses hat Haken, an welche das Pferd gespannt wird.

Der Landmann braucht die Walze. Das Pferd zieht sie über den besäeten Acker, damit er gleich und der Same zugedeckt wird. Man zertrümmert mit der Walze auch die harten Erdklöße. Der Wagner macht und der Schmied beschlägt die Walze. Ein Körper, der wie eine Walze gestaltet ist, heißt walzenförmig. Die Brunnenröhren, die Cylinder sind walzenförmig? Die Straßenwalzen sind viel größer und schwerer als die Getreidewalzen. Sie werden über die Straße gezogen, um die aufgeschütteten Steine in den Boden fest zu drücken.

Die Walze glättet Weg und Land;
Ein Pferdchen wird davor gespannt.

23. Die Nelke.

Die Nelke ist eine Blume. Blumen sind Gewächse. Die Nelken wachsen wild auf Wiesen und Feldrainen, und sehen meist roth aus. Am schönsten finden sie sich aber in unsern Gärten, obwohl die Gartennelke von der wildwachsenden abstammt. Sie ist veredelt worden. Diese schöne Blume wächst auf einem langen Stengel, der mit vielen anderen aus einem Stocke kömmt. Auf dem Stengel steht der Blumenkelch, an welchem sich die Blätter der Blumenkrone befinden. Es giebt einfache und gefüllte Nelken. Die einfachen Nelken haben nur fünf, die gefüllten aber sehr viele Blumenblätter. Die in den Gärten wachsenden Nelken haben oft sehr schöne Farben. Viele sind gestreift, andere gefleckt, und wieder andere einfarbig. Die Nelken blühen im Juli und August. Hast du schon blühende Nelken gesehen?

Die Nelke füllt mit ihrem Duft
Voll Wohlgeruch umher die Luft.

24. Der Korb.

Der Korb ist ein Hausgeräth. Er wird vom Korbmacher aus Weidenruthen geflochten. Damit die dünnen Ruthen sich recht biegen ohne zu brechen, so werden sie vorher längere Zeit in das Wasser gelegt und eingeweicht. Wenn der Korbmacher einen Korb flechten will, so macht er erst ein Gestelle aus stärkern Ruthen. Dieses Gestelle wird mit den Ruthen durchflochten. Es giebt grobe und feine Körbe. Bei groben Körben wird die Rinde der Ruthen nicht abgeschält, wohl aber bei feinen. Solche Körbe sehen alsdann schön weiß, besonders wenn sie neu sind. Es giebt verschiedene Arten von Körben. Welcher Korb heißt Tragkorb? Welcher Handkorb? Welcher Taschenkorb? Welcher Hebekorb? Wie nennt man einen kleinen Korb? Es giebt auch Körbchen aus Drath geflochten; wie wird man diese nennen? Im Korbe kann man etwas tragen.

Frau, Frau, Frau! was trägst du in dem Korbe drin?
Nichts, nichts, nichts, — weil eine Bettelfrau ich bin!

25. Die Lampe.

Die Lampe ist ein Hausgeräth und wird vom Klempner oder Zinngießer gemacht. Der Zinngießer gießt sie aus Zinn, es ist alsdann eine zinnerne Lampe. Der Klempner macht sie aus Blech. Wie nennt man solche Lampen? Es giebt sehr verschiedene Arten von Lampen. Die gewöhnliche Lampe besteht aus zwei Haupttheilen, dem Oelbehälter oben und dem Fuße unten. Der Oelbehälter ist vertieft, damit er das Oel aufnehmen kann. In ihm liegt ein Blech, welches vorn rund gebogen ist und eine Röhre, hinten aber eine Rinne bildet. Es heißt die Dille. Der Docht wird durch die Dille gesteckt. Der Docht wird aus baumwollenem Garn gemacht und angezündet. Der Fuß der Lampe ist unten breit. Warum wohl? Am Oelbehälter ist auch ein Henkel befestigt.

Es giebt noch ganz anders eingerichtete Lampen, wie Schirmlampen, Schiebelampen, Sparlampen, Hängelampen. Wann braucht man eine Lampe? Was kann man beim Lampenlichte thun? Bei welchem Lichte kann man besser sehen, beim Lampenlichte, beim Kerzenlichte oder beim Tageslichte? Wie bringt man ein Lampenlicht zum Verlöschen? Wann wird eine Lampe von selbst verlöschen? Wohin soll man mit der angezündeten Lampe nicht gehen?

> Das Lämpchen brennt in finstrer Nacht;
> Doch nimm dich ja mit ihm in Acht.

26. Die Mütze.

Die Mütze ist eine Kopfbedeckung. Die Mützen sind sehr verschieden, denn die Männer= und Knabenmützen sehen ganz anders, als die Frauen= und Kindermützen. Die Mützen für Männer haben meistentheils einen Rand mit Schirm und einen Deckel. Sie werden aus Tuch, Seide, Zeug oder Pelzwerk gemacht. Es giebt Sommer= und Wintermützen. Der Mützenmacher oder Kürschner macht sie.

Die Frauenmützen werden von der Nätherin oder Putzmacherin aus Battist, Spitzengrund oder Spitzen gemacht. Unten werden sie mit Bändern zugebunden. Andere Bänder schmücken sie. Man schützt durch die Mütze den Kopf vor dem Sonnenstrahle und vor Winterkälte. Giebt es noch andere Kopfbedeckungen? Was muß ein Knabe oder Mann mit der Mütze thun, wenn er einen Freund oder einen Bekannten grüßt? Wo nimmt man die Mütze noch ab? Wie nennt man einen Knaben oder Mann, der die Mütze beim Grüßen nicht abnimmt? Nehmen die Frauen und Mädchen ihre Mützen auch ab? Warum wohl nicht?

   Zieh die Mütze schnell vom Kopf,
   Sonst bist du ein grober Tropf.

27. Der Stock.

Der Stock ist von Holz gemacht. Ist er ganz einfach, so besteht er nur aus einem Stabe. Ist er aber ein Spazirstock, so ist oben auf dem Stabe noch ein Knopf oder Griff, unten aber eine Zwinge. Der Knopf oder Griff kann aus Gold oder Silber, aber auch aus Horn oder Elfenbein bestehen. Die Zwinge besteht aus Eisen, Stahl oder Horn. Der Stab ist oft schön polirt. Es giebt auch Stäbe aus Rohr, Fischbein und Eisen. Mit dem Stocke kann man schlagen. Auf ihn stützt sich auch der müde Wanderer. Alte und kranke Leute können nicht gut gehen, sie stützen sich auf einen Stock, um nicht zu fallen. Ungezogene Kinder bekommen mit dem Stocke Strafe. Was thut man, um aus einem Stocke eine Peitsche zu machen?

   Stock, Stock, Stock — klopfst du aus den Rock?
   Nein, nein, nein, — will Spazirstock sein.

28. Der Ring.

Der Ring gehört unter die Schmucksachen. Er ist rund und inwendig hohl, wie ein Reifen. Wenn er von Gold oder Silber gemacht ist, so ist er vom Goldschmied gefertigt worden. Es giebt aber auch Ringe von Messing und Eisen. Auf manchen Ringen sind Perlen oder Edelsteine, die sehen bald weiß, bald grün, roth, blau, veilchenblau oder gelb. Solche Ringe sind oft sehr theuer. Auf manchen Ringen ist auch ein

Goldplättchen mit einem Buchstaben. Das sind Siegelringe. Die Ringe steckt man an den Finger. Welcher Finger heißt der Ring- oder Goldfinger? Vater und Mutter haben oft einen Ring am Finger, das ist ein Trauring. Manche Kinder spielen mit eisernen Ringen, und lassen sie auf der Erde hinrollen.

Goldfingerlein, mußt nicht eitel sein!
Der Ring von Gold macht Niemand hold.

29. Der Schrank.

Der Schrank ist ein Hausgeräth und wird vom Tischler aus Holz gemacht. Er besteht aus einer oder zwei Thüren, den Seitenwänden, der Rückwand, dem Boden und der Decke. Die Thüren sind beweglich, sie können auf- und zugemacht werden. Sie bewegen sich in Thürbändern. Auch können sie mit einem Schlüssel verschlossen werden, denn es ist ein Schloß am Schranke. In den Schrank kann man etwas legen, hängen, setzen oder stellen. Es giebt viele Schränke. Welcher Schrank heißt Brodschrank? Welcher Kleiderschrank? Welcher Küchenschrank? Welcher Glasschrank? Welcher Geldschrank? Welcher Wandschrank? Welcher Eßschrank? Wie heißt ein Schrank, in welchem die Wäsche aufbewahrt wird? Und wie der Schrank, in welchem die Bücher stehen? Wenn wird man alles im Schranke leicht finden können? Welcher Schrank ist den Kindern der liebste?

Im Schranke, da liegt Brod und Butter;
O, schließe auf, du gute Mutter.

30. Der Apfel.

Der Apfel gehört unter das Obst, und wächst auf dem Apfelbaume. Er ist verschieden an Gestalt, Aussehen und Geschmack. Es giebt viele Arten von Aepfeln. Der Apfel ist mehr rund, doch ist sein unterer Theil meist breiter als der obere, der etwas schmäler zugeht. Außen bemerkt man die Blüthe, die Schale und den Stiel. Die Schale ist meist dünn und glänzend. Sie sieht bald grün, bald roth, bald gelb, bald roth und gelb. Wie nennt man die röthliche Hälfte auf einem gelben Apfel? Unter der Schale ist das saftige Fleisch. Es sieht weiß, bisweilen aber auch gelblich, grünlich oder röthlich.

Im Innern des Apfels ist das Kernhaus. Hier sitzen in Hülsen wie Pergament die schwarzbraunen Kerne. Sie sind der Samen, aus dem man Apfelbäumchen ziehen kann. Nur reife Aepfel haben schwarzbraune Kerne, unreife grünlich weiße. Der Apfel wird nach diesem Kernhause auch unter das Kernobst gerechnet. Welche Frucht gehört noch unter das Kernobst? Der Apfel wird roh oder grün und gekocht gegessen, auch getrocknet. Man macht aus dem ausgepreßten Safte auch Wein, Apfelwein. Der Apfel wird in der zweiten Hälfte des Sommers und manche Arten erst zu Anfang des Herbstes reif. Unreife Aepfel schaden sehr, sie taugen nur zu Viehfutter. Kannst du einige Apfelarten nennen? Wie blüht der Apfelbaum? Welche Feinde hat der Apfel? Wodurch verdirbt der Apfel? Wo hebt man ihn auf? Wie lange kann man manche Aepfel aufheben? Auf welchem Baume hängen goldne Aepfel?

> Der schönste Apfel, wie man sagt,
> Wird oft am Kern vom Wurm benagt.

31. Der Pfeil.

Mit dem Pfeile wird geschossen, wie mit der Kugel und dem Bolzen. Er ist ein Geschoß. Der Pfeil ist von Holz gemacht. Vorn ist eine Eisenspitze, die noch oft mit Widerhaken versehen ist. Hinten sind mehrere Reihen Federn. Der Pfeil wird mit der Armbrust oder dem Bogen abgeschossen. Die wilden Völker, welche keine Flinten haben, schießen den Pfeil mit einem Bogen ab.

Mit Pfeilen tödten sie das Wild auf der Jagd und ihre Feinde im Kriege. Der Pfeil dringt oft tief in das Fleisch. Manchmal tauchen sie die Spitze in Gift, vergiften sie. Welche Folgen hat das für den Getroffenen? Die alten Völker schossen auch mit Pfeilen. Auch unsere Knaben schießen noch mit Pfeilen. Die Pfeile der Knaben sind meist von Schilfrohr. Hinten am Pfeile ist eine Hülse von Hollunder. Ein solcher Pfeil kann oft hoch geschossen werden.

Legst auf den Bogen du den Pfeil,
So ziele gut, und nicht in Eil'.

27. Das Glas.

Glas ist ein Stoff und kann auch ein Trinkgeräth sein. Das Glas wird von Menschen gemacht. Es besteht aus Kieselsand, Asche und mehreren anderen Stoffen. Alle diese Stoffe werden bei einem heftigen Feuer in Oefen geschmolzen. Dann ist die ganze Masse wie Brei und flüssig. Das Schmelzen geschieht in Glashütten. Das Glas ist hart, durchsichtig und spröde. Es zerbricht leicht. Man hat Glas von allen Farben. Die Fensterscheiben werden aus Glas gemacht. Aus Glas wird auch vieles Geschirr gemacht, als Wasser-, Wein- und Branntweingläser, Flaschen, Becher, Zuckerdosen, Teller, Schüsseln. Auch die Spiegel werden aus Glas gemacht. Der Glaser macht die Fenster und der Glashändler verkauft das Glas. Kann man das Glas durchschneiden? Mit einem Messer nicht, aber mit einem Edelsteine, dem Diamant. Was geschieht, wenn man in ein Fenster wirft, oder Glasgeschirre fallen läßt? Merke das Verschen:

Wer nicht in Acht sich nimmt, kann bald ein Glas zerbrechen,
Die scharfen Splitter dann leicht in die Hand sich stechen.

28. Der Drache.

Mit dem Drachen spielen die Kinder, er ist ein Spielzeug. In der Mitte des Stabes ist ein schmaler Holzstab. Nahe seinem Ende ist ein Bügel befestigt, von welchem Fäden herabgehen. Die Fäden sind an das untere Ende des Holzstabes befestigt. Dies ist sein Gerüst oder Gestell. Dieses ist überall mit Papier bedeckt. Am Ende des Stabes hängt ein langer Schwanz, von Bindfaden und Papierstreifen. An den Seiten hängen Quasten. Auf der Vorderseite des Stabes ist ein Bindfaden, die Wage genannt. An die Wage wird der lange Faden befestigt, mit welchem die Knaben den Drachen steigen lassen.

Wenn gehöriger Wind ist und man vielen Bindfaden hat, steigt der Drache oft sehr hoch. Bei heftigem Winde steigt der Drache nicht, sondern wird leicht zerbrochen. Wenn der Bindfaden reißt, steigt der Drache nicht höher, sondern fällt herab. Die Knaben machen sich Drachen und spielen im Spätsommer damit, wenn Wiesen und Felder leer sind. Warum wohl?

Wie lustig schaut sich's an, wenn hoch der Drache steigt,
Und er mit seinem Haupt die Wolken fast erreicht.

34. Die Treppe.

Die Treppe befindet sich im Hause, sie ist ein Theil des Hauses. Der Theil des Hauses, in welchem die Treppe ist, heißt das Treppenhaus. Die Treppe kann von Holz oder Steinen sein. Sie steigt schief aufwärts und besteht aus Stufen, von denen jede gleich hoch ist. Die unterste Stufe heißt der Antritt, die oberste der Austritt. Bei hölzernen Treppen sind an beiden Seiten zwei starke Pfosten. Sie heißen Treppenwangen oder Zargen. In ihnen sind die Stufen befestigt. Unter den Stufen liegen die Futterstufen. Sie füllen den leeren Raum zwischen zwei Stufen aus. An der Seite der Treppe ist das Treppengeländer oder die Lehne.

Es giebt Wendeltreppen, Schneckentreppen, Freitreppen und noch andere. Auf Treppen kann man in die oberen Stockwerke, bis auf den Boden und auch bis in den Keller gehen. Auf was müßte man aufsteigen, wenn in einem Hause keine Treppen wären? Wie muß man sein, damit man von der Treppe nicht herabfällt?

Die Treppe steige frisch und munter;
Doch bist du oben, fall' nicht herunter.

35. Der Spiegel.

Der Spiegel gehört unter die Stubengeräthe. Er besteht aus einer Glastafel, die meistentheils viereckig, jedoch länger als breit ist. Die Glastafel ist auf der Rückseite mit einer Mischung von Zinn und Quecksilber belegt. Um diese Tafel geht ein Rahmen, in welchem sie befestigt ist. Der Rahmen ist vergoldet oder polirt. Der Tischler hat den Rahmen gemacht, der Vergolder vergoldet ihn, der Glasarbeiter macht die Tafel und der Spiegelmacher belegt sie. Damit die Spiegeltafel nicht leicht zerbrochen werden oder verderben kann, so ist ein schwaches Bret oder Pappe hinter ihr angebracht. Ein Spiegel kann leicht zerbrechen. Große Spiegel sind sehr theuer. Sie kosten oft mehr als hundert Thaler. Reiche Leute haben große schöne Spiegel. Arme Leute haben wenigstens einen kleinen Spiegel. Im Spiegel kann man sich besehen, ob man rein oder schmutzig ist.

> Der Spiegel zeigt dir das Gesicht
> Ganz wie es ist und täuscht dich nicht;
> Doch siehst du gar zu oft hinein,
> So möchtest du wohl eitel sein.

36. Die Zwiebel.

Die Zwiebel wächst in der Erde und ist die Wurzel mancher Gewächse. Sie ist meist wie ein Ei geformt, eiförmig. Unten, wo sie am breitesten ist, sind die Wurzelfasern. Oben wachsen die Blätter und der Stengel heraus. Die Zwiebel besteht aus vielen Schalen oder Häuten, welche oft wie Schuppen um den innern Kern liegen. Der Kern heißt der Zwiebelkuchen. An den alten Zwiebeln wachsen oft junge. Manche Blumen haben Zwiebelwurzeln. Die Tulpen, Lilien, Schneeglöckchen, Hyacinthen, Kaiserkronen und die giftige Herbstzeitlose haben Zwiebelwurzeln. Diese Zwiebeln werden nicht gegessen. Sie sehen außen braungelb, innen weißgrünlich aus und bestehen aus vielen Schalen. Sie haben einen scharfen Geruch und Geschmack. Es giebt viele Arten. Die Zwiebel ist eine gesunde Speise. Man baut die Zwiebel auf Feldern und in Gemüsegärten.

> Die Zwiebel riecht man schon von fern,
> Doch essen sie die Leute gern.

27. Der Maikäfer.

Der Maikäfer ist ein Thier und gehört unter die Insekten. Sein Körper ist schwarz. Sein Hinterleib besteht aus Ringen, welche an den Seiten weiße Ecken haben. Er läuft spitzig zu und hängt nach unten. Die zwei Flügel sehen weißlich. Ueber ihnen liegen die rothbraunen Flügeldecken. Am Kopfe sind zwei Fühlhörner, welche die Gestalt der Quasten haben. Die sechs Füße des Maikäfers haben Krallen. Der Maikäfer sitzt am Tage ruhig, und fliegt gegen Abend umher. Dieß geschieht meist im Monat Mai. Er lebt von Blüthen und jungen Blättern und richtet großen Schaden an.

Der Maikäfer legt Eier, aus denen Larven entstehen, welche Engerlinge genannt werden. Auch diese schaden den Gewächsen in der Erde so sehr, wie der Maikäfer über der Erde. Maulwürfe und Spitzmäuse fressen viele Engerlinge, auch Krähen, Raben und Hühner. Erst nach vier Jahren wird aus dem Engerlinge ein Maikäfer. Auch der Maikäfer hat viele Feinde, als Vögel, Füchse, Igel, Schweine, Hühner und Fledermäuse. Was thun die Menschen zur Vertilgung der Maikäfer? Darf man die Maikäfer tödten? Warum wohl? Wohl auch martern?

Maikäfer, ei du böser Wicht,
Friß mir das Laub der Bäume nicht.

28. Das Mäuschen.

Das Mäuschen ist ein kleines, niedliches Thier, und die Spitzmaus das kleinste Säugethier auf der ganzen Erde. Die Maus sieht grau aus, unter dem Bauche weißlich, und hat einen langen Schwanz. Sie lebt in Häusern, auf Feldern und in Wäldern in Löchern, die sie sich gräbt. Sie ist munter, reinlich, naschhaft, flink, kann schwimmen und klettern. Sie richtet durch ihre Näscherei oft großen Schaden an. Die Katze fängt und tödtet sie. Die Menschen fangen sie in Fallen und tödten sie mit Gift. Es giebt auch weiße Mäuse.

Das Mäuschen nascht an Speck und Brod;
Drum bringt die Falle ihm den Tod.

39. Die Thüre.

Thüren sind an und in den Häusern, an Oefen, Schränken, Gärten, Höfen, Ställen und Kellern. Es giebt viele Arten von Thüren, aber alle verschließen eine Oeffnung oder einen Raum. Sie sind meist aus Holz gemacht, doch giebt es auch eiserne Thüren. Woran? Und warum? Die Thüren können geöffnet und verschlossen werden. Sie bewegen sich mit den Thürbändern in den Thürangeln. Die Thürhaken sind von Eisen und werden bei Hausthüren und Stubenthüren in das Thürgewände befestigt. Der untere Theil des Thürgewändes heißt die Schwelle, der obere das Gesims. Den Thürbändern gegenüber ist das Schloß.

Die Thür kann verschlossen, zugeklinkt und verriegelt werden. Womit geschieht dies alles? Manche Thüren bestehen aus zusammen genagelten Bretern. Bessere Thüren bestehen aus einem Rahmen, in welchem ein Kreuz ist, und der Füllung. Besteht die Füllung halb oder ganz aus Glas, so nennt man solche Thüren Glasthüren. Manche Thüren bestehen aus zwei Theilen oder Flügeln. Man nennt sie Flügelthüren. An den Hausthüren ist oft eine Klingel. Warum wohl? Was geschieht Abends mit der Hausthüre? Wer macht die Hausthüren?

Die Thüre knarrt, ein Bettler schaut herein:
Ihr Leute, hört, erbarmt euch mein!

40. Die Jagd.

Der Jäger geht auf die Jagd. Die Jagd ist eine Beschäftigung der Menschen. Auf der Jagd werden Thiere getödtet, welche im Freien umherlaufen oder fliegen. Besonders tödtet der Jäger bei uns Hirsche, Rehe, wilde Schweine, Hasen, Füchse, Fischottern, Kaninchen, Dachse; und unter den Vögeln wilde Gänse und Enten, Rebhühner, Eulen, Weihe und andere Vögel. In Ländern, wo wilde Thiere leben, tödtet man auch diese, besonders Löwen, Tiger, Hyänen, Panther, Luchse, sowie auch große Raubvögel: Adler, Geier. Diese Thiere werden mit der Flinte oder Büchse geschossen.

Man ladet Kugeln oder Schrot in die Büchse. Das Pulver treibt die Ladung heraus. Die Hunde suchen das Wild auf und holen es, wenn es getroffen ward. Das eßbare Wild heißt Wildpret. Der Jäger jagt in Wald und Feld, an Flüssen, Teichen und Seen. Er ist oft allein, oft hat er auch andere Jäger mitgebracht, oft auch Treiber, die das Wild aufjagen und zutreiben. Es giebt Treibjagden und Hetzjagden.

Der Hase läuft, so schnell er kann,
Und doch trifft ihn der Jägersmann.

41. Das Clavier.

Das Clavier ist ein Instrument. Auf dem Claviere macht man Musik, es ist ein musikalisches Instrument. Es ist ein länglicher Kasten, der auf Füßen steht. Oben ist ein Deckel, welcher hinten mit Bändern befestigt ist. Hebt man ihn in die Höhe, so sieht man viele Saiten im Claviere. Kleine Hämmerchen schlagen an die Saiten, daß sie einen Ton geben. Hebt man den halben Deckel auf, die Klappe, so sieht man schmale Bretchen von Horn oder Holz. Sie heißen Tasten und lassen sich mit den Fingern niederdrücken. Die Tasten bewegen die Hämmerchen, welche an die Saiten schlagen. Das Clavier hat einen schönen Ton. Wenn das Clavier nicht mehr gut klingt, wird es gestimmt. Wer Clavier spielen will, muß zuvor Noten lernen. Was muß der lernen, der lesen lernen will? Wer macht das Clavier? Wer spielt das Clavier?

Clavier, wie klingst du so lieblich und schön!
Doch muß man dich freilich zu spielen verstehn!

42. Die Axt.

Die Axt ist ein Instrument oder Werkzeug zum Spalten und Hauen. Sie besteht aus zwei Theilen, der eigentlichen Axt und dem Stiele. Die Axt ist aus gehärtetem Eisen vom Zeugschmiede gemacht. Sie ist wie ein Keil unten scharf und schmal, oben dick. Da, wo sie dick ist, befindet sich ein Loch. In dem Loche wird ein langer Stiel befestigt. Der Stiel ist von hartem Holze. Ist der Stiel sehr kurz, so nennt man die Art ein Beil. Der Holzmacher haut mit der Art Bäume um und spaltet sie. Auch der Zimmermann und Fleischer brauchen eine Art. Mit einer Art muß man vorsichtig sein. In alten Zeiten gab es Streitäxte.

   Die Art im Wald schallt Tag für Tag;
   Kein Baum fällt auf den ersten Schlag.

43. Der Quirl.

Der Quirl ist auch ein Werkzeug, welches vorzüglich in der Küche gebraucht wird. Er ist sehr einfach und besteht aus Holz. Der Quirl hat einen Stiel, an dessen unterem Ende Zacken stehen. Diese Zacken sind entweder gewachsen, eingesetzt oder ausgeschnitten. Man braucht den Quirl zum Zerkleinern der gekochten Speisen und zum Umrühren. Das Mus und die Suppe werden gequirlt. Der Quirlmacher verfertigt den Quirl. Es giebt große und kleine Quirle. Kannst du einen Baum nennen, der uns Quirle mit gewachsenen Zacken giebt?

   Ich armer Quirl, wie war ich stolz,
   Da ich als Tanne stand im Holz.

---

a b c d e f ff g h ch i k ck

a b c d e f ff g h ch i k ck

l ll m n o p q r s ss ss st

l ll m n o p q r s ss ß st

t u v w x y z tz

t u v w x y z tz

A B C D E F G H I
𝔄 𝔅 ℭ 𝔇 𝔈 𝔉 𝔊 ℌ ℑ

K L M N O P Q R
𝔎 𝔏 𝔐 𝔑 𝔒 𝔓 𝔔 ℜ

S T U V W X Y Z
𝔖 𝔗 𝔘 𝔙 𝔚 𝔛 𝔜 ℨ

Apfel, Axt, Buch, Bett, Beere, Baum, Clavier,
Apfel, Axt, Buch, Bett, Beere, Baum, Clavier,

Düte, Drache, Esse, Fisch, Fass, Glas, Hütte,
Düte, Drache, Esse, Fisch, Fass, Glas, Hütte,

Hundehütte, Igel, Jagd, Korb, Kahn, Keule,
Hundehütte, Igel, Jagd, Korb, Kahn, Keule,

Lampe, Mond, Mütze, Mäuschen, Maikäfer, Nest,
Lampe, Mond, Mütze, Mäuschen, Maikäfer, Nest,

Nelke, Ofen, Pfeil, Quirl, Rad, Ring, Säge,
Nelke, Ofen, Pfeil, Quirl, Rad, Ring, Säge,

Spiegel, Scheibe, Schrank, Stock, Treppe, Thüre,
Spiegel, Scheibe, Schrank, Stock, Treppe, Thüre,

Uhr, Vögel, Walze, X, x, Y, y, Zelt, Zwiebel.
Uhr, Vögel, Walze, X, x, Y, y, Zelt, Zwiebel.

Vierter Gang.

Erzählungen, Verschen und Gedichte.

1. Das Fischlein.

In dem Bache schwamm ein Fisch recht munter und lustig hin und her. Er war noch klein, nur einen Finger lang, hatte ein Kleid wie Silber so weiß, zwei helle Augen und ein Schwänzchen.

Wenn nun die Sonne recht warm schien, da kam das Fischlein herauf, freute sich über sein Kleidchen und fing sich Mücken.

Doch wenn die Knaben kamen mit ihren Netzen, oder mit ihren Angeln, um Fische zu fangen, so schwamm es schnell davon und sprach: „Ich lasse mich nicht fangen."

Einst kam ein Mann mit einer langen Ruthe, der setzte sich am Ufer nieder. Er machte ein Kästchen auf, nahm ein Würmchen, hing es an den Faden, und warf es in den Bach.

Das Fischlein schwamm hinzu und hörte nicht auf die Warnung seines Bruders. „Ich will ja nur den Wurm besehen, ob er noch zappelt." Es hat den Wurm besehen, er war nur klein und dünn, es hat ihn auch benascht und — zuck! da wars gefangen.

Der Mann zog es heraus, steckte es ein und nahm es mit nach Hause. Die Mutter kochte es, daß es das Söhnchen essen konnte. L. Thomas.

2.

Der Fisch schwimmt in dem hellen Bach: ein Fischchen zieht dem andern nach; sie schwimmen fort, bis in das Meer: ei, wenn ich doch ein Fischchen wär'! J. Kell.

3. Das Rad.

An Anna's Wagen waren vier kleine Räder; sie sahen schwarz aus und in der Mitte war ein Loch. Wenn nun das kleine Mädchen fuhr, da drehten sich die Räder und schnurrten dazu.

Da fiel es dem einen Rade ein, es wolle sich nicht mehr drehen. Ei, sagte es, die Deichsel dreht sich nicht und auch die Are nicht.

Da bat die kleine Anna das Rädchen: „Drehe dich doch, der Wagen geht zu schwer und es sieht auch nicht schön aus, wenn du still stehst;" aber das Rädchen sprach: „Ich will nicht!"

Auch die andern Räder baten es, doch das Rädchen blieb ein Trotzkopf und sprach: „Ich will nicht!" knurrte und scharrte, wenn der Wagen gezogen ward, und wollte nicht von der Stelle.

Selbst die großen Räder an Wagen und Kutschen brummten und riefen ihm zu, es solle sich drehen, doch das Trotzköpfchen hörte nicht darauf.

Da fuhr Anna an einen großen Stein, der im Wege lag; Trotzköpfchen drehte sich nicht und — brach entzwei. Anna aber nahm das eigensinnige Rädchen mit nach Hause und warf es in den Ofen!
L. Thomas.

4. Das Spinnerlied.

Rädchen, Rädchen, gehe, gehe,
Fädchen, Fädchen, drehe, drehe,
dreh' dich, ohne still zu stehn!
Ach, was sollte denn auf Erden
mit den lieben Kindern werden,
Sollten sie sich nicht mehr drehn!

5. Kind und Buch.

Komm her einmal, du liebes Buch, sie sagen immer, du bist so klug. Mein Vater und Mutter, die wollen gerne, daß ich was Gutes von dir lerne; drum will ich dich halten an mein Ohr; nun sag mir deine Sachen vor.

Das Buch blieb still und sprach kein Wort, der Knabe wartet fort und fort; zuletzt verlor er alle Lust und sprach: „O hätt' ich das gewußt, daß du nicht sprechen kannst mit mir, ich hätte lieber gelernt in dir." Verändert nach W. Hey.

6. Hans.

Hans wollte nichts lernen: Ich bin ja noch klein
wenn ich größer bin, will ich schon fleißiger sein.
Das bleibt ein Dummkopf, der jung so spricht:
Hans wurde wohl größer, doch fleißig nicht. Dinter.

7. Abendruhe.

Wenn am Abend Mann und Kind,
Thier und Vogel müde sind,
Gott, der Herr, hat's schon gesehen,
heißt die Sonne untergehen,
schickt die stille Nacht hernieder,
spricht zu ihr: „Nun decke du

alle meine Kinder zu,
bring' zur Ruh die müden Glieder."
Sieh, da kommt die liebe Nacht,
wieget uns in Schlaf ganz sacht;
nur der liebe Vater wacht.   W. Hey.

8. Die Kinder und der Mond.

Die Sonne war untergegangen, und es wollte schon dunkel werden, aber die Kinder waren noch nicht alle zu Hause bei ihrer Mutter.

Zwei Kinder waren auf dem Felde, und hatten beim Spiele vergessen, daß man des Abends, ehe es dunkel wird, nach Hause kommen muß.

Da ward den Kindern bange, und sie weinten, denn sie wußten den Weg nicht zu finden. Auf einmal wurde es hell hinter den Bäumen, und sie sahen ein rundes Licht heraufsteigen, das war der Mond. Als er die Kinder erblickte, sagte er: „Guten Abend, Kinderchen, was wollt ihr noch so spät auf dem Felde?"

Die Kinder waren anfangs erschrocken, als sie aber sahen, daß der Mond freundlich lächelte, faßten sie ein Herz und sprachen: „Ach, wir haben uns verspätet, und nun finden wir den Weg nicht mehr zu unserer Mutter, weil es Nacht ist." Und sie weinten so laut, daß es den guten Mond rührte.

Da sprach er zu ihnen: „Wenn ihr das Haus wohl kennt, wo eure Mutter wohnt, so will ich euch ein wenig leuchten, daß ihr den Weg findet." Und der Mond leuchtete so helle, als wenn es wieder Tag geworden wäre; die Kinder faßten Muth und eilten so viel sie konnten, und fanden glücklich den Weg.

Als sie vor der Hausthür standen, sagten sie: „Schönen Dank, lieber Mond, daß du uns geleuchtet hast!" Er antwortete: „Es ist gern geschehen. Aber eilt nun, daß ihr zu eurer Mutter kommt, denn sie hat sich schon viel um euch geängstigt."   W. Curtman.

9. Der Mann mit der Säge.

Vor der Thüre steht ein Mann, das ist ein gar armer Mann. Er arbeitet und schwitzt, dass der Schweiss ihm von der Stirn rinnt. Er hat in seiner Hand ein Ding, das ist von Holz und Eisen. Es ist eine Säge.

Die Säge hat scharfe Zähne und kann das harte, feste Holz zerschneiden. Die Klötze hackt der Mann mit einem scharfen, schweren Beile, und spaltet sie in kleine Stücke.

Die Mutter steckt sie in den Ofen, damit das Kind nicht

friert, wenn es im Winter kalt ist, und kocht auch das Süppchen damit.

Der Mann hat auch ein Kind, das ist ein armes Kind und hat nicht Kleid noch Brod. Drum sägt der Mann den ganzen Tag und hackt und schafft, damit das Kind nicht hungert noch friert.

Geh', liebes Kind, hinunter in den Hof, und bringe dem Manne eine warme Suppe. Bring' auch sein Kind mit herauf, wir wollen ihm ein Hemdchen und ein Jäckchen schenken, und schönes Spielzeug. C. Thomas.

10. Der Waisenknabe.

Vor meines Vaters Thüre schlich
ein armer, armer Knabe sich
und weinte, ach weinte so bitterlich.
Er sprach: „Ach Gott! sie haben
mir Vater und Mutter begraben."
Du guter Gott, wie dank' ich dir,
noch ließest du Vater und Mutter mir. Dinter.

11. Vogel und Pferd.

Vogel. Pferdchen, du hast die Krippe voll; giebst mir wohl auch einen kleinen Zoll, ein einziges Körnlein, oder zwei, du wirst noch immer satt dabei.

Pferd. Nimm, kecker Vogel, nur immer hin, genug ist für mich und dich darin.

Und sie aßen zusammen, die zwei, litt keiner Mangel noch Noth dabei. Und als dann der Sommer kam so warm, da kam auch manch böser Fliegenschwarm. Doch der Sperling fing hundert auf einmal, da hatte das Pferd nicht Noth noch Qual. W. Hey.

12. Die Düte.

Emma war mit einem Auftrage von der Mutter an ihre Pathe geschickt worden und da sie Alles wohl ausgerichtet hatte, erhielt sie von derselben ein Geldstück zur Belohnung. Anfangs wollte sie dieses in ihre Sparbüchse legen; als sie aber an einem Zuckerbäckerladen vorbeikam und in dem Schaufenster all die niedlichen Sachen sah, dachte sie nicht mehr an ihren Vorsatz. Sie ging hinein und kaufte eine Zuckerdüte. Begierig öffnete sie dieselbe und nahm einige Stücke heraus; doch bald bereute sie ihren Kauf, so süss auch die Sachen schmecken mochten.

„Ach hätte ich doch lieber das Geld in meine Sparbüchse gethan oder den armen Kindern unseres Nachbars geschenkt", sprach sie.

Verdriesslich kam Emma heim und wagte nicht, der Mutter zu sagen, dass sie von der Pathe Geld erhalten und was sie mit demselben gemacht habe. Zwar versteckte sie die Düte, doch die Mutter fand sie bald in ihrem Lädchen. Jetzt gestand Emma tiefbetrübt ihr Unrecht, bereuete ihren Fehler und hat nie wieder Geld für Näschereien ausgegeben. Woran mag sie wohl noch oft gedacht haben?
C. Thomas.

13. Wie Gustav vom Baume fällt.

Hoch auf dem Wipfel eines Baumes, der nahe am Wasser steht, hat ein Vogel sein Nest gebaut. Aus dem Neste aber sehen sechs kleine Vögelein heraus, rufen pip, pip, und freuen sich, wenn die Alten ein Würmchen bringen.

Da kam einst Gustav in den Wald, und wollte sich ein Sträusschen Blumen holen. Kaum hatte er das Nest erblickt, so sagte er für sich: „Die jungen Vögelchen musst du einmal besehen." Schnell klettert er den Baum hinan, er steigt von Ast zu Ast und ist nun schon dem Wipfel nahe.

Jetzt hat er ihn erreicht! Er sieht die kleinen Thierchen, und nimmt eins in die Hand. Krach! krach! da bricht der Ast.

Gustav fällt vom Baume herab und in den Fluss. Der Fluss war gar nicht tief, doch war viel Schlamm darin. Da hätte ich den Gustav sehen mögen, als er aus dem Schlamme kroch.
C. Thomas.

14. Das Bäumchen im Herbste.

Armes Bäumchen, dauerst mich:
wie so bald bist du alt!
Deine Blätter senken sich,
sind so bleich, fallen gleich
von des kalten Windes Weh'n,
und so blos mußt du dann steh'n.

Bäumchen, nicht so traurig sei!
Kurze Zeit währt dein Leid;

Geht ein Jahr gar schnell vorbei.
Bist nicht todt; grün und roth
schmückt dich wieder über's Jahr
Gottes Finger wunderbar. W. Hey.

15. Das Scheibenschießen.

Im Garten ging es lustig her, Karl's Geburtstag ward gefeiert. Seine Freunde waren alle beisammen, sie hatten Ball gespielt, und jetzt war Scheibenschießen.

Die schön gemalte Scheibe hing an einer Stange; weit davon standen die Knaben und schossen mit der Armbrust. Am Bolzen aber war ein Stachel, welcher in der Scheibe stecken blieb, wenn sie getroffen ward.

Das war für die Kinder eine Freude, wenn der Bolzen fest stak; denn wer die Mitte traf, bekam ein schönes Bilderbuch.

„August, August, geh' auf die Seite, ich ziele schon," rief Fritz. Doch der unbesonnene August lief vor der Scheibe vorbei, Fritz hatte schon abgedrückt und der Bolzen fuhr in August's linkes Auge.

O weh! o weh! schrie er laut auf. Das Auge war verloren, der Bolzen hatte es durchbohrt. Wie gut war es, daß Gott zwei Augen ihm gegeben hatte. C. Thomas.

16. Die Augen.

Zwei Augen hab ich, klar und hell,
die drehn sich nach allen Seiten schnell,
die sehen alle Blümchen, Baum und Strauch
und den hohen, blauen Himmel auch.
Die setzte der liebe Gott mir ein,
Und was ich kann sehen, ist alles sein. W. Hey.

17. Der Igel und der Maulwurf.

Als der Winter herannahete, kam der Igel zum Maulwurfe und klagte ihm seine Noth, daß er sich vor der Kälte nicht zu schützen wisse, und daß er sterben müsse, wenn er keine Wohnung fände.

Nimm mich, lieber Maulwurf, fuhr er fort, in deine Höhle, ich will mit dem kleinsten Plätzchen zufrieden sein. Das jammerte den Maulwurf, er nahm den Igel mit auf, und wies ihm ein Lager neben dem seinen an.

Kaum aber war der Igel in der Höhle, da machte er es sich bequem, streckte alle vier Beine aus, und stach den armen Maulwurf jämmerlich mit seinen spitzigen Stacheln. Ach, sprach der Maulwurf, wir können nicht beisammen bleiben, verlaß mich wieder und suche dir ein anderes Plätzchen.

Das sollte mir einfallen, sprach das undankbare Thier, wem es nicht gefällt, der mag gehen, ich bleibe da. Und so geschah es auch, der Igel blieb den ganzen Winter in der Höhle, und verließ sie erst im nächsten Frühjahr. Der Maulwurf mußte sich noch oft stechen lassen, ehe er seinen schlechten Gesellen los ward, und freute sich nicht wenig, als dieser abzog. Hereingelassen hat er ihn nicht wieder. **C. Thomas.**

18. Kind und Ofen.

„Garst'ger Ofen, schwarzer Mann, zieh ein schönres Kleid doch an! Sieh die Tische, sieh den Schrank, sieh die Spiegel nett und blank, sieh den Stuhl an Sitz und Fuß, du nur, Ofen, siehst wie Ruß."

Doch der Ofen spricht kein Wort, still steht er an seinem Ort, denkt: „Laß mich nur ruhig stehn; wird der Sommer nur erst gehn, dann gefall' ich sicherlich dir, mein Knabe — denk' an mich."

Als der Winter wiederkehrt, hält das Kind den Ofen werth. Kommt es von der Schlittenbahn, sieht es ihn recht freundlich an; schlingt um ihn den kleinen Arm: „Lieber Ofen, bist du warm?"

C. Thomas.

19. Die giftigen Beeren.

Zwei Kinder, Bruder August und Schwester Emilie, waren in den Wald gegangen, um die schönen rothen Erdbeeren zu lesen, welche daselbst wuchsen. Sie fanden eine grosse Menge, assen sie, und füllten auch ein Körbchen für die Mutter und die kleine Anna, welche daheim geblieben waren. Schon waren sie auf dem Rückwege, als sie einen Strauch erblickten, welcher fast noch einmal so hoch war, als sie selbst, und grosse, bläulichschwarze Beeren trug. Die Kinder freuten sich über den neuen Fund, hielten die Beeren für Kirschen, bogen den Stengel um, und pflückten sie ab. Lass uns kosten, wie die Beeren schmecken, sprach Emilie, aber der verständige August, welcher in der Schule von giftigen Beeren gehört und in seinem Lesebuche davon gelesen hatte, sprach: das dürfen wir nicht thun, die Beeren könnten giftig sein, und mein Lehrer hat mir gesagt, man dürfe nicht essen, was man nicht kenne. Damit war die kleine Emilie nicht zufrieden, doch beschlossen sie, die Beeren mit nach Hause zu nehmen und der Mutter zu zeigen. Als die Kinder nun zur Mutter kamen, zeigten sie ihren Fund und fragten, ob die Beeren giftig seien. Anfangs war die Mutter erschrocken, da sie meinte, die Kinder hätten bereits davon gegessen, freute sich aber, als sie das Gegentheil erfuhr und erzählte ihnen, dass dies die giftige Wolfs- oder Tollkirsche sei, die schon oft von Kindern gegessen worden, worauf diese gestorben seien. Zur Belohnung für ihre Vorsicht bekamen die Kinder ein Körbchen voll der schönsten Kirschen zu ihrem Vesperbrode, welches nun noch einmal so gut schmeckte. Die Tollkirschen aber wurden genau besehen, aufgebrochen, die darin befindlichen Samenkörner betrachtet und dann von August mit in die Schule genommen, um sie dem Lehrer und den übrigen Schülern zu zeigen. Erst jetzt vergrub man sie. War es so recht? Hättest du dasselbe an Stelle der Kinder auch gethan? L. Thomas.

20. Die Wochentage.

Gott im Himmel hat gesprochen:
sieben Tage sind in der Wochen,
sechs davon will ich euch geben;
schaffet da, was noth zum Leben;
doch der Sonntag bleibe mein.
Da will ich euch unterweisen,
mir zu dienen, mich zu preisen,
gut und fromm vor mir zu sein.
Liebes Kind, vergiß es nicht,
was der Herr vom Sonntag spricht. W. Hey.

21. Die Kinder im Kahne.

Was ein Kahn ist, wie er beschaffen und wozu er dient, das weißt du, liebes Kind, wie es aber Kindern in einem Kahne ergangen ist, das will ich dir erzählen. Merk auf.

Drei Kinder, die Knaben Franz und Ernst mit ihrer Schwester Marie, hatten sich in den Garten geschlichen und in den Kahn gesetzt, welcher auf dem dicht hinter dem Garten vorbeifließenden Flusse angebunden stand. Man schaukelte sich und freute sich über das schöne helle Wasser. Bis jetzt war alles gut gegangen. Da fiel es Franz ein, den Kahn abzubinden, und ein wenig weiter vom Ufer zu fahren, wie er es vom Vater so manchmal gesehen hatte. Er that es und lustig fuhr der Kahn der Strömung zu. Diese aber ergriff ihn und führte ihn mit sich fort: erst neben dem Garten des Vaters vorbei, dann neben dem Nachbarsgarten, dann noch

weiter und endlich sah man das Städtchen nur noch von fern.
Die Kinder weinten und schrieen nach Hilfe, aber alle Leute am
Ufer, die ihr Geschrei vernahmen, konnten nicht helfen, denn der
Fluß war breit und tief, und die Strömung stark. So war der
Kahn fast zwei Stunden weit getrieben worden, als man in die
Nähe eines Wehres kam, an welchem der Kahn sicherlich um-
gestürzt und die Kinder ertrunken wären, hätten nicht zwei Fischer,
welche eben in der Nähe desselben fischten, die Gefahr bemerkt. Sie
ruderten den Kindern entgegen, hielten den Kahn an und brachten ihn
glücklich ans Ufer. Die Kinder waren vor Schreck ganz bleich und
konnten sich noch nicht beruhigen, als die freundlichen Fischer sie
einige Stunden später zu ihren Aeltern zurück brachten. Durch Schaden wird man klug, merk dir das Sprichwort, mein Kind. Ernst,
Franz und Marie haben es nie vergessen, und sind nicht wieder allein
in den Kahn getreten. L. Thomas.

32. Der Essenkehrer.

In dem Hause, in welchem die kleine Marie wohnte, war die
Esse einmal lange nicht gekehrt worden. Die Köchin kann wohl
die Küche und die Stube kehren, auch die Töpfe wieder blank scheuern,
wenn sie berußt sind; aber die Feueresse kann sie nicht kehren, das
muß der Essenkehrer thun, der auch Schornsteinfeger heißt.

Da kam er eben zum Hause herein, als Marie auf der Treppe
war. Schnell lief sie zur Mutter und rief: „Mutter, Mutter, geh'
nicht hinaus, der Schornsteinfeger ist draußen."

Ei, sagte die Mutter, das ist gut, er will die Esse kehren; komm
mit mir, wir wollen ihm die Küche zeigen. Mariechen ging wohl
mit, aber ihr Herz pochte beim Anblicke des schwarzen Mannes.

Die Mutter öffnete die Küche, gab ihm eine Hand und sprach:
Guten Tag, lieber Mann, es ist gut, daß du da bist. Da lachte
der Essenkehrer, als er sah, wie Marie sich hinter dem Kleide der
Mutter versteckte und fragte: „Wer ist das kleine Mädchen?" „Ei,"
sagte die Mutter, „das ist meine kleine Marie!"

„Nun, gehe einmal in den Hof, kleine Marie," sprach der
Essenkehrer, „und siehe nach der Feueresse, da wirst du etwas
Lustiges sehen." Das that Marie und ging mit der Mutter hinab.
Es dauerte nicht lange, so sah ein Besen zur Esse heraus, dann
kam ein Kopf und zuletzt der ganze Essenkehrer, der schaute sich um
und rief: „Hoho! Hoho!"

Die kleine Marie freute sich ebenfalls und rief: „Essenkehrer!
Essenkehrer!" Der Essenkehrer hatte aber nicht lange Zeit, da oben
zu sitzen, darum kletterte er wieder herunter. Die Mutter gab ihm
ein Geldstück, und als er fortging, sprach er: „Leb' wohl, kleine

Marie." Marie sprach: „Leb' wohl, guter Essenkehrer" und gab
ihm die Hand.   Nach Seltsam's Buche.

23. Fürchte nichts.

Gott ist, wo die Sonne glüht,
Gott ist, wo das Veilchen blüht,
ist, wo jener Vogel schlägt,
ist, wo dieser Wurm sich regt.
Ist kein Freund, kein Mensch bei dir,
fürchte nichts, dein Gott ist hier.   **Winter.**

24. Zufriedenheit.

Ich hab' ein kleines Hüttchen nur,
es steht auf einer Wiesenflur,
da ist es frieblich, ist es schön,
komm, laß' uns in das Hüttchen gehn.

Nicht Gold, nicht Seide ist darin,
nach andern Schätzen steht mein Sinn,
bin ich zufrieden, bin ich gut,
so hab ich immer frohen Muth.

Ich wirke bei des Tages Licht,
erwerbe mir, was mir gebricht;
und bricht die stille Nacht herein,
Dann schlaf' mit meinem Gott ich ein. L. **Thomas.**

25. Das Geldfaß.

Sieh', liebe Anna, was liegt denn dort auf dem Wege? sprach
Jakob, als er das Schwesterchen auf dem Schlitten fuhr. Das ist
ein Fäßchen, riefen beide, indem sie näher herantraten, gewiß hat
es ein Kind verloren, das damit gespielt hat, oder der heilige Christ,
oder der Geburtstagsmann.

Als die Kinder davor standen, und das Faß mit seinen Reifen
näher betrachteten, fanden sie auch, daß es aufgegangen, und
daß schöne gelbe Goldstücke herausgefallen waren. O, dieses schöne
Geld, das wir gefunden haben, sprach die kleine Anna; jetzt kauft
dir nun die Mutter neue Kleider, Schuhe und ein neues Lesebuch,
und wenn etwas übrig bleibt, auch mir ein neues Kleid, ein Tuch
und warme Handschuhe.

Komm, laß es uns der Mutter bringen, sprach Jakob, und
diese fragen, ob wir es auch behalten dürfen. Setze dich auf den
Schlitten und nimm es vor dich, ich will die gelben Dreier, die
hier auf dem Wege liegen, in die Tasche stecken, und dich fahren.

So fuhren die Kinder fort; bald kamen sie zur Mutter und zeigten ihren Fund. Die Mutter erstaunte darüber und sprach: Dies sind Goldstücke, aber uns gehören sie nicht. Die hat ein reicher Mann verloren, dem müssen wir sie wieder geben.

Kennst du den reichen Mann? sprachen die Kinder. Nein, sagte die Mutter, aber wir wollen es dem Herrn Pastor melden, der wird ihn schon ausfindig machen. Sogleich trugen sie das Geld zum Herrn Pastor, und Jakob nahm die goldenen Dreier aus der Tasche und legte sie auf den Tisch. Wie freute sich der redliche Prediger! Er rief noch mehrere Leute des Dorfes herbei und alle zählten das Geld.

Schon nach drei Tagen stand in der Zeitung, daß das verlorene Geldfaß einem Kaufmanne in der Stadt gehöre. Da trugen der gute Pastor, die Mutter und die Kinder das Geld in die Stadt, und die arme Mutter erhielt nicht nur eine Belohnung, sondern die kleinen Finder auch noch neue schöne Kleider. **C. Thomas.**

26. Die Räuber.

Wer ist das? Wen führen sie dort in's Gericht?
Ein Räuber, ein Mörder, ein Bösewicht;
Bis dahin zu kommen, das dacht' er wohl nicht,
Da er als Knabe zum ersten Mal
Dem Nachbar ein Händchen voll Kirschen stahl. **Dinter.**

27. Das Vogelnest.

Das Rothschwänzchen wollte gern ein Nestchen bauen, und konnte keinen Platz finden. Es flog in dem ganzen Garten umher, und um das ganze Haus herum und konnte nichts entdecken, was ihm passte.

Endlich sah es eine Ritze in der Mauer und da es fand, dass sie weit genug war, sagte es zu seinem Männchen: „Komm', wir wollen uns Heu machen, und unser Nestchen bauen." Und sie suchten Heu und Grashälmchen, machten ein rundes Nestchen, thaten weiche Federn hinein und es war gross genug für das Weibchen und Männchen.

Nicht lange nachher, da waren auch fünf Eier darin, die waren so gross wie ein Nüsschen und bläulich von Farbe. Schon nach wenigen Wochen sahen fünf nackte Junge aus dem Neste, die wärmten die Alten und fütterten sie, bis sie gross waren, selbst fliegen und sich auch ein Nestchen bauen konnten. Nach Curtman.

28. Was Jedes hat.

Die Schnecke hat ein Haus,
ein Fellchen hat die Maus,
der Sperling hat die Federn sein,
der Schmetterling schöne Flügellein,
Nun sage mir, was hast denn du?
Ich habe Kleider und auch Schuh,
und Vater und Mutter, Lust und Leben,
das hat mir der liebe Gott gegeben. W. Hey.

29. Fritz vor dem Kuchenzelte.

Drei Dreier hat der Fritz erhalten vom Vater, um sich zu erfreun. Beliebig kann er damit schalten; was mag nun wohl das Beste sein? Die Vogelwiese soll's ihm sagen. Dort sind die Zelte aufgeschlagen. Es würfelt, spielt und ißt sich satt, wer Dreier in der Tasche hat.

Vor einem Zelt bleibt Fritzchen stehen; der Kuchen sieht ihn lächelnd an. Nie hat er ihn so schön gesehen, er dünkt ihm fast wie Marzipan. „Sprach nicht der Vater: „„Kannst den Kuchen für deine Dreier auch versuchen."" Drum schnell, hol' all' dein Geld heraus, und setze dich zum Kuchenschmauß."

Im Augenblicke soll's geschehen. — Da sieht er einen blinden Mann. Der arme Greis, er kann nicht sehen, und spricht um milde Gaben an. „Hier, lieber Mann, hast du die Gabe, die ich zur Lust empfangen habe; ich bin so glücklich und du blind!" „„Gott segne dich, mein gutes Kind!"" C. Thomas.

30. Die Walze, die Erdschollen und die Samenkörner.

Der Bauer hatte das Feld gepflügt, tiefe Furchen gingen über den Acker. Er war an einem Morgen gekommen und hatte den Samen darauf gestreut, und nun lagen die kleinen Samenkörnchen neben und unter den großen Erdschollen.

Gebt uns ein Plätzchen bei euch, sprachen die Körnchen; doch jene sagten: Das soll nicht geschehen; geht fort von hier, oder wir drücken euch todt. Ach, baten die Körnchen weiter, laßt uns doch leben und deckt uns zu, damit uns die Vögel nicht fressen, und der Weizenhalm aus uns wachsen kann, dann wollen wir gern sterben.

Doch die Erdschollen sagten: das leiden wir nicht, und lassen euch nicht bei uns liegen. So dauerte der Streit einen ganzen Tag, und als der Abend kam, da brummten die Erdschollen noch fort, aber die Körnchen schliefen ein und nur die Walze unten am Acker hörte Alles stillschweigend mit an.

Als die Körnlein am andern Tage erwachten, kam der Bauer mit seinem Pferdchen, und spannte es vor die Walze. Er fuhr damit über die Erdschollen, drückte sie entzwei und deckte den Samen damit zu. Der liebe Gott schickte dann einen warmen Regen, und bald sah das ganze Feld grün wie eine Wiese. L. Thomas.

31. Das Samenkorn.

Wer merkt's am Samenkorn so klein,
daß drin ein Leben könnte sein?
Kaum hab' ich's in das Land gesteckt,
da ist auch seine Kraft erweckt,
da bringt es aus der Erde vor,
da steigt es in die Luft empor,
da treibt's und wächst und grünt und blüht;
da lobt den Schöpfer, wer es sieht. W. Hey.

32. Die aufgeblühte Nelke.

Fritz, Elisabeth und Ernst, die drei Kinder eines Lehrers, hatten von ihrem Vater Blumenbeete im Schulgarten erhalten, und zwar jedes Kind ein Beet. Sie streuten im Frühjahr Blumensamen darauf aus, und pflanzten die Blümchen und Gewächse, welche sie gekauft hatten. Nun hatten sie auch Nelkenstöckchen gekauft, und freuten sich nicht wenig, als dieselben so herrlich gediehen. Eine große Menge Knospen ließ die schönsten Blumen erwarten, und täglich gingen die Kinder mehrmals in den Garten, um nachzusehen, ob die dick geschwollenen Knospen aufgeblüht wären. Der Vater hatte ihnen bereits gesagt, ruhig zu warten, bis dies geschehen werde, und die Kinder versprachen es auch. Aber Ernst konnte seine Ungeduld nicht mäßigen, brach die Knospen auf und lief nun mit der Freudenbotschaft zu den Geschwistern, daß seine Nelken aufgeblüht seien. Die Strafe blieb nicht aus. Gar bald verwelkten die zu zeitig geöffneten Blumen und flatterten im Winde, während die von Fritz und Elisabeth in schönster Pracht blüheten, und ihren angenehmen Duft verbreiteten. Worin zeigte sich Ernst's Ungeduld?
L. Thomas.

33. Der Spazirstock.

Als Wilhelm und Theodor einst ihren Vetter besuchten, bekamen sie von ihm die Erlaubniß, in den Garten gehen zu dürfen. Reißt mir nur nichts ab, denn ich habe schöne Blumen und Stauden im Garten, bat der Vater, und die Kinder versprachen es.

Im Garten war es schön; viele Beete waren mit herrlichen

Blumen bepflanzt, die Gänge mit gelbem Sande überstreut, und an den Mauern zogen sich Weinstöcke hin.

Als die Knaben lange in der Laube gesessen hatten, besahen sie den Obstgarten und hier fanden sie eine Menge herrlicher, junger Obstbäumchen; das war eine Baumschule.

Ei, laß' uns hier ein Stöckchen-abschneiden, sprach Wilhelm. Sieh' dieses gerade Stämmchen, das wird ein herrlicher Spazirstock. Wohl rieth ihm Theodor ab, doch Wilhelm nahm das Messer, schnitt das Stämmchen durch, brach den Wipfel ab und hatte nun ein Spazirstöckchen.

Als die Knaben aus dem Garten kamen, und der Vetter das Stöckchen sah, ward er tief betrübt, denn dieses war sein liebstes Bäumchen gewesen. Wilhelm durfte nie wieder in den Garten.

L. Thomas.

34. Kind und Ruthe.

Kind. Ruthe was fang' ich mit dir an,
haft mir so viel zu Leid gethan!
Ruthe. Nicht doch! du darfst nicht böse sein!
ist ja doch Alles zum Besten dein.
Kind. Weiß wohl, aber es thut doch weh;
geh' nur, du schlimme Ruthe, geh'!
Das Kind sieht so traurig die Ruthe an:
Ob ich sie gar nicht los werden kann?
Da hört es auf der Mutter Wort,
war artig und freundlich immerfort;
Die Ruthe dort hinter dem Spiegel verschwand;
ich glaube, sie haben sie gar verbrannt. W. Hey.

35. Der verlorne Ring.

Als die Mutter aus der Kirche kam, zog sie einen goldenen Ring vom Finger und legte ihn auf den Tisch. Der Ring war schön und mit glänzenden Edelsteinen besetzt. Schon wollte sie ihn in ein Körbchen legen, da klingelte es unten im Hause. Schnell eilte sie zur Stube hinaus, und vergass die Thüre wieder zuzuklinken.

Da kam Xaver's Lieblingsvogel, ein grosser, schwarzer, drolliger Rabe, der einige Worte sprechen konnte. Er hatte sein Nest auf dem Boden, lief aber im ganzen Hause umher, und stellte sich immer ein, wenn es etwas zu essen gab.

Als er die offne Stube sah, marschirte er hinein, flog

auf den Tisch und eilte dann zu seinem Neste. Kaum war er fort, so kam die Mutter zurück und sah mit Schrecken, dass ihr Ring verschwunden war. Sie fragte im ganzen Hause nach ihm, doch Niemand konnte ihr Auskunft geben, kein Mensch war in der Stube gewesen. Sie suchte überall, sie öffnete alle ihre Kästen, der Ring war verschwunden.

So währte es sechs Wochen lang, die Mutter war betrübt und glaubte den Ring niemals zurück zu erhalten. Da kam einst freudig der kleine Xaver gesprungen, den glänzenden Ring in der Hand. Er hatte seinem Raben ein Stückchen Fleisch gebracht, und dabei in dem Neste Etwas funkeln sehen. Es war der Ring der Mutter, den der diebische Vogel gestohlen hatte.

C. Thomas.

36. Das Gift im Schranke.

Lottchen war ein gutes, hübsches Mädchen, mit blauen Augen und braunen Locken. Nur einen Fehler hatte sie an sich; sie war ein Naschkätzchen, und konnte sie einmal über die Zuckerdose kommen, so spazirten die Zuckerstückchen aus der Dose in den Mund.

Schon manchmal hatte sie dafür Strafe bekommen; allein wenn sie auch nicht mehr so oft wie sonst in ihren Fehler verfiel, ganz hatte sie ihn doch nicht abgelegt. Als nun Vater und Mutter ausgegangen waren, sah Lottchen, daß der Schrank nicht zugeschlossen war. Im Schranke aber stand die Zuckerdose.

Schnell rückte sie den Tisch an den Schrank, und suchte nach der Dose. Doch diese war leer. Sie suchte weiter und fand in einem Winkelchen ein Papierchen, in dem ein weißes Pulver enthalten war. Es sah wie Zucker aus.

Schnell tüpfte Lottchen dies mit dem nassen Finger auf und legte das Papier wieder in den Schrank. Schon machte sie sich Vorwürfe über ihren Ungehorsam, als sie heftige Leibschmerzen bekam. Laut weinend und wimmernd trafen sie die Aeltern bei ihrer Rückkehr.

Wohl gestand sie ihre Schuld, wohl holte der Vater schnell den Arzt herbei, doch es war schon zu spät; noch an demselben Abend war Lottchen nach schrecklichen Schmerzen eine Leiche. Das weiße Pulver war Fliegengift gewesen.

C. Thomas.

37. Pudel.

Wer hat hier die Milch genascht? Hätt' ich doch den Dieb erhascht! Pudel, wärst denn du es gar? Pudel, komm doch! Ei fürwahr, einen weißen Bart hast du; sag' mir doch, wie geht b zu? Die Hausfrau sah ihn an mit Lachen: Ei, Pudel, was machst du mir für Sachen? Willst wohl gar noch ein Naschkätzchen werden. Da hing er den Schwanz bis auf die Erden und heulte und schämte sich so sehr. Der nascht wohl sobald nicht mehr. W. Hey.

38. Die Kinder mit Pfeil und Bogen.

Julius und August waren herzensgute Knaben. So fleißig wie sie waren wenige Kinder in der Schule. Als nun der Herbst herangekommen und das Schilf im Teiche reif geworden war, da machten sich alle Knaben Pfeil und Bogen und schossen damit.

Auch unsere Knaben thaten dies, und nachdem sie sich geübt, und nach der Scheibe geschossen hatten, gingen sie wohl auch in den Garten und schossen die rothbäckigen Aepfel vom Baume, denn der Vater hatte es erlaubt.

Da gab es große Freude, wenn ein Apfel fiel, wohl zehnmal wurde er besehen, wo er getroffen war.

Als sie nun auch einmal im Garten waren, so sahen sie ein Vögelchen von dunkelbrauner Farbe mit rothem Kehlchen. Es saß auf dem Hollunderbusche und pickte sich schwarze Beeren. Kaum hatten es die Knaben erblickt, so wünschten sie es zu besitzen, griffen nach Pfeil und Bogen und — puff, da war es getroffen.

Es fiel vom Baume herab und flatterte umher. Die Knaben hatten den Flügel zerschossen und auch am Köpfchen blutete es.

Wohl haschten sie das arme Thierchen, doch schon nach einer halben Stunde war es todt. Da weinten sie, machten ein kleines Loch in die Erde, begruben es und versprachen sich, nie wieder ein Thierchen zu schießen. L. Thomas.

39. Drache und Vogel.

Seht ihr den großen Vogel da? ihr kleinen, kommt ihm nicht zu nah, daß er euch nicht etwa ertappt und zehne gleich hinunter schnappt.

Vögel: Ach, geht mit eurem großen Thier, das ist ja gar nichts als Papier.

Da legt auf einmal sich der Wind; zur Erde fiel der Vogel geschwind; die Knaben bemühten drum sich sehr, doch wollt' er nicht länger fliegen mehr. Die kleinen alle mit leichtem Sinn, sie flatterten um ihn her und hin. W. Hey.

40. Die Kinder auf der Treppe.

Auf der grossen Treppe im Hause ging es wild zu. Die Aeltern waren ausgegangen, die Kinder aber hatten eine Anzahl wilder Kameraden zu sich gebeten, und sprangen mit ihnen auf und ab. Wohl warnte sie eine alte Frau, die unten im Hause wohnte, und bat sie, das gefährliche Spiel einzustellen, doch die wilden Knaben hörten nicht darauf und lachten die gute Alte noch aus. Zwei und drei Treppenstufen wurden aufwärts und abwärts übersprungen, und wer es am schnellsten konnte, der war Meister.

Unter Allen war Heinrich der verwegenste. Er spottete über Alle, die nicht das wagten, was er unternahm. Doch Hochmuth kommt vor dem Falle. Als er herabsprang, wollte er über vier Stufen springen, doch er konnte sich nicht erhalten, stürzte auf die Seite und brach den Arm. Nun musste er sechs Wochen in der Stube bleiben und grosse Schmerzen leiden. Von der Zeit an legte er sein Wildheit ab.

L. Thomas.

41. Minchen mit dem Spiegel.

Minchen bekam zu ihrem Geburtstage ein recht schönes Nähkästchen, in welchem allerlei hübsche Sachen waren. Da gab es Scheeren, Fingerhut, große und kleine Nadeln, Nadelbüchschen, Zwirnwickel, und auch ein Messer zum Trennen. Alle diese Dinge lagen in einzelnen Fächern, das ganze Nähkästchen aber konnte mit einem Schlüsselchen verschlossen werden. Das war nun alles sehr schön und niedlich, gefiel auch Minchen recht wohl, aber am meisten liebte sie doch einen Spiegel, welcher an der Rückseite des Deckels angebracht war. Nun ist es recht gut, wenn ein Kind von Zeit zu Zeit in den Spiegel sieht, um zu erfahren, ob es ganz rein ist; Minchen aber blickte fast den ganzen Tag in den Spiegel, sah bald wie die Ohrringe hingen, bald flocht sie an den Haaren, bald band sie das Halskettchen oder die Schleife, bald machte sie das, bald jenes. Dabei vergaß sie ihre Arbeit und war jetzt nicht mehr so fleißig wie vorher, ehe sie das Kästchen erhalten hatte. Dies merkte die Mutter bald, und da Minchen von ihrer Unart nicht ablassen wollte, so ward der Spiegel aus dem Nähkästchen genommen und von der Mutter eingeschlossen. Nun war es das fleißige Kind wieder, das es früher gewesen. Die Mutter behielt aber den Spiegel noch viele Jahre eingeschlossen, denn, sagte sie oft, mein Minchen soll kein Spiegeläffchen werden. **C. Thomas.**

42. Die beiden Zwiebeln.

Auf dem Küchentische der Mutter lagen zwei Zwiebeln. Die eine war eine Tulpenzwiebel und vom Gärtner an diesen Ort gelegt worden, die andere eine Kochzwiebel, denn die Mutter bereitete eben das Essen.

Als die große, hellbraune, glänzende Kochzwiebel die kleine, weniger schöne Tulpenzwiebel erblickte, sagte sie zu ihr: Was willst du neben mir, du kleines häßliches Ding! Du siehst nicht schön und riechst nicht gut, auch kann man dich nicht in der Küche gebrauchen, warum drängst du dich an mich?

Die Tulpenzwiebel sprach kein Wort; die Mutter aber machte dem Zanken bald ein Ende, nahm die Kochzwiebel, zerschnitt sie und warf die Stücken in den Kochtopf. Da war es mit dem Schreihals aus.

Nach einem halben Jahre aber blühte eine köstliche Blume im Garten, über die Jedermann sich freute. Es war eine Tulpe, die aus der anderen Zwiebel herausgewachsen war. Ihr Stiel war lang und schlank, die Blätter gelb und roth und dunkel, und zarter Blumenstaub war in ihrer Krone. Sie schloß sich am Abend und öffnete sich am andern Morgen wieder. Und als sie endlich verblüht war, hatten sich an der Zwiebel mehrere kleine angesetzt, die eben so schöne Tulpen im nächsten Jahre hervorbrachten. Welche von beiden Zwiebeln war die schönste? **C. Thomas.**

43. Franz an der Thüre.

Halloh! halloh! so schrie Franz und lärmte in der Stube. Da ging es über Stuhl und Tisch, so daß das arme Minchen nicht schreiben noch lesen konnte.

Die Aeltern waren ausgegangen, gleich hatte Franz das Buch weggelegt und tobte nun herum; denn Franz und Minchen waren ganz allein zu Hause. Geh'! hole ein Glas Wasser, ich habe großen Durst, sprach der wilde Bube zu seiner kleinen Schwester.

Das gute Minchen nahm ein reines Glas, ging nach dem Brunnen und holte einen frischen Trunk. Da fiel's dem Buben ein, das Schwesterchen zu necken. Nun steht er an der Thüre, und lauscht und horcht, ob Minchen kommt. Schnell will er dann hervorspringen und sie erschrecken.

Die Hausthür geht; er hört Schritte; die Stubenthür thut sich auf; Franz schreit und springt hervor und fällt — dem Schornsteinfeger, der die Esse zu kehren kam, in die Arme. Nun sah der Franz ganz schwarz aus, beschmutzt waren Hände und Gesicht, die Kutte und der Kragen. **C. Thomas.**

44. Die Hasenjagd.

Der Vater ging auf die Jagd. Ueber die Achsel hing die Flinte, an der Seite die Jagdtasche, und nebenher ging der Hund, der Karo hieß. Als der Vater an den Waldrand kam, bückte er sich still in einen Graben nieder, und nahm die Flinte von der Achsel. Karo aber duckte sich nieder und lauschte, ob er ein Häschen hören könnte.

Es dauerte auch nicht lange, da raschelte etwas in den Büschen. Schon legte der Vater sich nieder, aber es war ein Reh. Der Vater schoß es nicht, denn die Mutter mochte keinen Rehbraten haben. Das Rehchen hüpfte hin und her, als es aber den Jäger erblickte und den großen braunen Karo, da lief es schnell davon.

Nach einer Weile raffelte es wieder in den Büschen und mit weiten Sprüngen kam ein Häschen hervor. Es machte Männchen, spitzte die Ohren, hüpfte her und hin, und fing endlich zu grasen an. Als es dem Jäger ganz nahe war, machte es noch ein Männchen, doch dieser drückte ab und — puff — da war der Hase todt. Schnell packte ihn Karo, der Vater steckte ihn in den Ranzen und den Sonntag gab es Hasenbraten. *Nach Curtman.*

45. Axt und Stiel.

Axt und Stiel waren uneinig; jedes lag in einer andern Ecke und schmollte. Sonst hatten sie ihre Arbeit zusammen verrichtet, sich nie getrennt und waren dabei schön und blank geblieben. Jetzt war keins mehr zu gebrauchen. Wären sie klug gewesen und hätten sie sich versöhnt, mit ein paar Hammerschlägen wären sie wieder vereinigt gewesen. Allein die Axt sagte: „Ich will doch dem dummen Stiele keine guten Worte geben" und der Stiel brummte: „Die naseweise Axt kann lange warten, bis ich wiederkomme." So blieb jedes in seiner Ecke und trotzte.

Als sie ein Jahr gelegen hatten, kam der Herr und fand zuerst die Art. Da sagte er zur Magd: „Wirf diese verrostete Art in den Eisenkasten, denn sie ist nichts mehr werth, und wenn ein Tröbler kommt, verkaufe sie für ein paar Pfennige; und diesen alten Stiel verbrenne in der Küche, ehe er vollends verfault. Morgen aber gehe zum Schlosser und bestelle eine neue Art mit einem neuen Stiele." *Nach Curtman.*

46. Tannenbaum und Quirl.

In einem Walde, wo lauter junge Tannenbäume standen, hatte sich ein armer Knabe gelagert und ruhete aus. Seinen Korb hatte er neben sich gesetzt. In dem Korbe aber lagen allerlei Holzwaaren, als Löffel, Klammern und besonders viel Quirle. Als ein junger, hochgewachsener Tannenbaum die zackigen Quirle erblickte, sprach er in stolzem Tone: „Was wollt ihr hier, ihr elenden, weißen, stachlichten Quirle! In diesem grünen Walde ist nicht Platz für euch. Seht hier, wie hoch sind wir, wie schön; betrachtet unsere herrlichen Aeste mit grünen Nadeln und silbergrauer Rinde."

Die Quirle baten, ihnen doch ein Plätzchen zu lassen, auch sie seien vormals Tannenbäume gewesen, bis man sie abgeschnitten habe. Doch der Tannenbaum schimpfte, und hörte nicht auf mit Nadeln zu werfen, bis der arme Knabe aufstand und davon ging.

Am andern Morgen aber kam der Förster mit den Holzhackern und ließ die jungen Tannenstämmchen umhauen. Schon am Abend waren aus dem stolzen Tannenbäumchen — drei stachlichte Quirle gemacht. Hochmuth kommt vor dem Falle.   L. Thomas.

47.

Verschmäht den Armen nicht,
er sei auch noch so klein;
er ist ein Mensch wie du,
was braucht er mehr zu sein;
Gott macht uns arm, Gott macht uns reich;
doch vor ihm sind wir alle gleich.

Sprüche.

Ein jegliches Haus wird von Jemand bereitet, der aber Alles bereitet, das ist Gott.

Der Herr ist allen gütig und erbarmt sich aller seiner Werke.

Aller Augen warten auf dich und du giebst ihnen ihre Speise zu seiner Zeit. Du thust deine milde Hand auf und erfüllest Alles, was da lebet, mit Wohlgefallen.

Danket dem Herrn, denn er ist freundlich, und seine Güte währet ewiglich.

Lobe den Herrn, meine Seele, und was in mir ist, seinen heiligen Namen. Lobe den Herrn, meine Seele, und vergiß nicht, was er dir Gutes gethan hat.

Wenn ich mich zu Bette lege, so denke ich an dich; wenn ich erwache, so rede ich von dir.

Befiehl dem Herrn deine Wege und hoffe auf ihn; er wird's wohl machen.

Du sollst Gott, deinen Herrn, lieben von ganzem Herzen, von ganzer Seele, von ganzem Gemüthe und von allen deinen Kräften.

Das ist die Liebe zu Gott, daß wir seine Gebote halten, und seine Gebote sind nicht schwer.

Ihr sollt heilig sein, denn ich bin heilig, der Herr euer Gott.

Alle Schrift, von Gott eingegeben, ist nütze zur Lehre, zur Strafe, zur Besserung, zur Züchtigung in der Gerechtigkeit.

Gott ist nicht ferne von einem Jeglichen unter uns; denn in ihm leben, weben und sind wir.

Der Herr ist nahe Allen, die ihn anrufen, Allen, die ihn mit Ernst anrufen.

Dein Lebelang habe Gott vor Augen und im Herzen und hüte dich, daß du in keine Sünde willigest und thuest wider Gottes Gebote.

Ein Mensch siehet, was vor Augen ist; der Herr aber siehet das Herz an.

Herr, lehre mich thun nach deinem Wohlgefallen, denn du bist mein Gott; dein guter Geist führe mich auf ebener Bahn.

Es ist dir gesagt, Mensch, was gut ist und was der Herr von dir fordert: nämlich Gottes Wort halten, und Liebe üben und demüthig sein vor deinem Gott.

Du sollst deinen Nächsten lieben als dich selbst.

Ein Jeder beweise an seinem Bruder Güte und Barmherzigkeit.

Die Liebe suchet nicht das Ihre, sie trachtet nicht nach Schaden, sie freuet sich nicht der Ungerechtigkeit, sie freut sich aber der Wahrheit.

Wehe dem, der sein Gut mehret mit fremdem Gute.

So Jemand will nicht arbeiten, der soll auch nicht essen.

Leget die Lügen ab und redet die Wahrheit, ein Jeglicher mit seinem Nächsten.

Vertraget Einer den Andern in der Liebe und seid fleißig zu halten die Einigkeit im Geist durch das Band des Friedens.

Jesus hat uns ein Vorbild gelassen, daß wir sollen nachfolgen seinen Fußtapfen, welcher keine Sünde gethan hat, ist auch kein Betrug in seinem Munde erfunden worden.

Ein Jeglicher sei gesinnet, wie Jesus Christus auch war.

Die Gottseligkeit ist zu allen Dingen nütze und hat die Verheißung dieses und des zukünftigen Lebens.

Gott wird geben einem Jeglichen nach seinen Werken; nämlich Preis und Ehre und unvergängliches Wesen denen, die mit Geduld in guten Werken trachten nach dem ewigen Leben.

Trübsal und Angst über alle Seelen der Menschen, die da Böses thun.

Selig sind, die reines Herzens sind, denn sie werden Gott schauen.

Das Zählen.

1   I
2   I I
3   I I I
4   I I I I
5   I I I I I
6   I I I I I I
7   I I I I I I I
8   I I I I I I I I
9   I I I I I I I I I
10   I I I I I I I I I I

Eins und Eins, Eins von Eins.

I	I·IIIIIII
I·I	II·IIIIII
I·II	III·IIIII
I·III	IIII·IIII
II·II	I·IIIIIIII
I·IIII	II·IIIIIII
II·III	III·IIIIII
I·IIIII	IIII·IIIII
II·IIII	I·IIIIIIIII
III·III	II·IIIIIIII
I·IIIIII	III·IIIIIII
II·IIIII	IIII·IIIIII
III·IIII	IIIII·IIIII

Benutzung.

Das ist 1 Strich. — Das sind 2 Striche. 2 besteht aus 1 + 1 1 + 1 = 2; 1 von 2 bleibt 1. — Das sind 3 Striche. 3 besteht aus 1 + 2 oder aus 2 + 1; 1 + 2 = 3; 2 + 1 = 3; 1 von 3 bleibt 2; 2 von 3 bleibt 1. Das sind 4 Striche. — 4 besteht aus 1 + 3 oder 3 + 1 oder 2 + 2. 1 + 3 = 4, 3 + 1 = 4, 2 + 2 = 4. 1 von 4 bleibt 3; 3 von 4 bleibt 1; 2 von 4 bleibt 2 u. s. f.

Fig.

10.	I	I	I	I	I	I	I	I	I	10.
10.	I	I	I	I	I	I	I	I	I	20.
10.	I	I	I	I	I	I	I	I	I	30.
10.	I	I	I	I	I	I	I	I	I	40.
10.	I	I	I	I	I	I	I	I	I	50.
10.	I	I	I	I	I	I	I	I	I	60.
10.	I	I	I	I	I	I	I	I	I	70.
10.	I	I	I	I	I	I	I	I	I	80.
10.	I	I	I	I	I	I	I	I	I	90.
10.	I	I	I	I	I	I	I	I	I	100.

1.	2.	3.	4.	5.	6.	7.	8.	9.	10.
11.	12.	13.	14.	15.	16.	17.	18.	19.	20.
21.	22.	23.	24.	25.	26.	27.	28.	29.	30.
31.	32.	33.	34.	35.	36.	37.	38.	39.	40.
41.	42.	43.	44.	45.	46.	47.	48.	49.	50.
51.	52.	53.	54.	55.	56.	57.	58.	59.	60.
61.	62.	63.	64.	65.	66.	67.	68.	69.	70.
71.	72.	73.	74.	75.	76.	77.	78.	79.	80.
81.	82.	83.	84.	85.	86.	87.	88.	89.	90.
91.	92.	93.	94.	95.	96.	97.	98.	99.	100.

Das Ein mal Eins*).

1 × 1 = 1	1 × 5 = 5	1 × 9 = 9
2 × 1 = 2	2 × 5 = 10	2 × 9 = 18
3 × 1 = 3	3 × 5 = 15	3 × 9 = 27
4 × 1 = 4	4 × 5 = 20	4 × 9 = 36
5 × 1 = 5	5 × 5 = 25	5 × 9 = 45
6 × 1 = 6	6 × 5 = 30	6 × 9 = 54
7 × 1 = 7	7 × 5 = 35	7 × 9 = 63
8 × 1 = 8	8 × 5 = 40	8 × 9 = 72
9 × 1 = 9	9 × 5 = 45	9 × 9 = 81
10 × 1 = 10	10 × 5 = 50	10 × 9 = 90
1 × 2 = 2	1 × 6 = 6	1 × 10 = 10
2 × 2 = 4	2 × 6 = 12	2 × 10 = 20
3 × 2 = 6	3 × 6 = 18	3 × 10 = 30
4 × 2 = 8	4 × 6 = 24	4 × 10 = 40
5 × 2 = 10	5 × 6 = 30	5 × 10 = 50
6 × 2 = 12	6 × 6 = 36	6 × 10 = 60
7 × 2 = 14	7 × 6 = 42	7 × 10 = 70
8 × 2 = 16	8 × 6 = 48	8 × 10 = 80
9 × 2 = 18	9 × 6 = 54	9 × 10 = 90
10 × 2 = 20	10 × 6 = 60	10 × 10 = 100
1 × 3 = 3	1 × 7 = 7	
2 × 3 = 6	2 × 7 = 14	
3 × 3 = 9	3 × 7 = 21	
4 × 3 = 12	4 × 7 = 28	
5 × 3 = 15	5 × 7 = 35	
6 × 3 = 18	6 × 7 = 42	
7 × 3 = 21	7 × 7 = 49	
8 × 3 = 24	8 × 7 = 56	
9 × 3 = 27	9 × 7 = 63	
10 × 3 = 30	10 × 7 = 70	
1 × 4 = 4	1 × 8 = 8	
2 × 4 = 8	2 × 8 = 16	
3 × 4 = 12	3 × 8 = 24	
4 × 4 = 16	4 × 8 = 32	
5 × 4 = 20	5 × 8 = 40	
6 × 4 = 24	6 × 8 = 48	
7 × 4 = 28	7 × 8 = 56	
8 × 4 = 32	8 × 8 = 64	
9 × 4 = 36	9 × 8 = 72	
10 × 4 = 40	10 × 8 = 80	

*) Auf den Wunsch mehrerer Schulmänner beigegeben.